Die Picc

Friedrich Schiller

Alpha Editions

This edition published in 2022

ISBN : 9789356781610

Design and Setting By
Alpha Editions
www.alphaedis.com
Email - info@alphaedis.com

Contents

Personen...- 1 -

Erster Aufzug..- 2 -

Zweiter Aufzug...- 23 -

Dritter Aufzug...- 48 -

Vierter Aufzug...- 70 -

Fünfter Aufzug...- 87 -

Personen

Wallenstein, Herzog zu Friedland, kaiserlicher Generalissimus
im Dreißigjährigen Kriege
Octavio Piccolomini, Generalleutnant
Max Piccolomini, sein Sohn, Oberst bei einem Kürassierregiment
Graf Terzky, Wallensteins Schwager,Chef mehrerer Regimenter
Illo Feldmarschall, Wallensteins Vertrauter
Isolani, General der Kroaten
Buttler, Chef eines Dragonerregiments
Tiefenbach, Chef eines Dragonerregiments
Don Maradas, General unter Wallenstein
Götz, General unter Wallenstein
Colalto, General unter Wallenstein
Rittmeister Neumann, Terzkys Adjutant
Kriegsrat von Questenberg vom Kaiser gesendet
Baptista Seni, Astrolog
Herzogin von Friedland, Wallensteins Gemahlin
Thekla, Prinzessin von Friedland, ihre Tochter
Gräfin Terzky, der Herzogin Schwester
Ein Kornet
Kellermeister des Grafen Terzky
Ein Kornet
Friedländische Pagen und Bediente und Hoboisten
Mehrere Obersten und Generale

Erster Aufzug

Ein alter gotischer Saal auf dem Rathause zu Pilsen, mit Fahnen und anderm Kriegsgeräte dekoriert.

Erster Auftritt

Illo mit Buttler, und Isolani.

Illo.
>Spät kommt Ihr—Doch Ihr kommt! Der weite Weg,
>Graf Isolan, entschuldigt Euer Säumen.

Isolani.
>Wir kommen auch mit leeren Händen nicht!
>Es ward uns angesagt bei Donauwerth,
>Ein schwedischer Transport sei unterwegs
>Mit Proviant, an die sechshundert Wagen.-
>Den griffen die Kroaten mir noch auf,
>Wir bringen ihn.

Illo.
>Er kommt uns grad zupaß,
>Die stattliche Versammlung hier zu speisen.

Buttler.
>Es ist schon lebhaft hier, ich seh's.

Isolani.
>Ja, ja,
>Die Kirchen selber liegen voll Soldaten,
>(sich umschauend)
>Auch auf dem Rathaus, seh ich, habt ichr euch
>Schon ziemlich eingerichtet—Nun! nun! der Soldat
>Behilft und schickt sich, wie er kann!

Illo.
>Von dreißig Regimentern haben sich
>Die Obersten zusammen schon gefunden,
>Colalto, Götz, Maradas, Hinnersam,
>Auch Sohn und Vater Piccolomini—
>Ihr werdet manchen alten Freund begrüßen.
>Nur Gallas fehlt uns noch und Altringer.

Buttler.
>Auf Gallas wartet nicht.

Illo. (stutzt)
Wieso? Wißt Ihr—

Isolani. (unterbricht ihn)
Max Piccolomini hier? Oh! führt mich zu ihm.
Ich seh ihn noch—es sind jetzt zehen Jahr—
Als wir bei Dessau mit dem Mansfeld schlugen,
Den Rappen sprengen von der Brücke herab
Und zu dem Vater, der in Nöten war,
Sich durch der Elbe reißend Wasser schlagen.
Da sproßt' ihm kaum der erste Flaum ums Kinn,
Jetzt, hör ich, soll der Kriegsheld fertig sein.

Illo.
Ihr sollt ihn heut noch sehn. Er führt aus Kärnten
Die Fürstin Friedland her und die Prinzessin,
Sie treffen diesen Vormittag noch ein.

Buttler.
Auch Frau und Tochter ruft der Fürst hieher?
Er ruft hier viel zusammen.

Isolani.
Desto besser.
Erwartet' ich doch schon von nichts als Märschen
Und Batterien zu hören und Attacken;
Und siehe da! der Herzog sorgt dafür,
Daß auch was Holdes uns das Aug' ergötze.

Illo.

(der nachdenkend gestanden, zu Buttlern, den er ein wenig auf die Seite führt)

Wie wißt Ihr, daß Graf Gallas außen bleibt?

Buttler. (mit Bedeutung)
Weil er auch mich gesucht zurückzuhalten.

Illo. (warm)
Und Ihr seid fest geblieben?

(Drückt ihm die Hand.)

Wackrer Buttler!

Buttler.
Nach der Verbindlichkeit, die mir der Fürst
Noch kürzlich aufgelegt—

Illo.

Ja, Generalmajor! Ich gratuliere!

Isolani.

Zum Regiment, nicht wahr, das ihm der Fürst
Geschenkt? Und noch dazu dasselbe, hör ich,
Wo er vom Reiter hat heraufgedient?
Nun, das ist wahr! dem ganzen Korps gereicht's
Zum Sporn, zum Beispiel, macht einmal ein alter
Verdienter Kriegsmann seinen Weg.

Buttler.

Ich bin verlegen,
Ob ich den Glückwunsch schon empfangen darf,
—Noch fehlt vom Kaiser die Bestätigung.

Isolani.

Greif zu! greif zu! Die Hand, die ihn dahin
Gestellt, ist stark genug, Ihn zu erhalten,
Trotz Kaisern und Ministern.

Illo.

Wenn wir alle
So gar bedenklich sein wollten!
Der Kaiser gibt uns nichts—vom Herzog
Kommt alles, was wir hoffen, was wir haben.

Isolani. (zu Illo)

Herr Bruder! Hab ich's schon erzählt? Der Fürst
Will meine Kreditoren kontenieren.
Will selber mein Kaiser sein künftighin,
Zu einem ordentlichen Mann mich machen.
Und das ist nun das dritte Mal, bedenk' Er!
Daß mich der Königlichgesinnte vom
Verderben rettet und zu Ehren bringt.

Illo.

Könnt' er nur immer, wie er gerne wollte!
Er schenkte Land und Leut an die Soldaten.
Doch wie verkürzen sie in Wien ihm nicht den Arm,
Beschneiden, wo sie können, ihm die Flügel!—
Da! diese neuen, saubern Forderungen,
Die dieser Questenberger bringt!

Buttler.

Ich habe mir
Von diesen kaiserlichen Forderungen auch

Erzählen lassen—doch ich hoffe,
Der Herzog wird in keinem Stücke weichen.

Illo.
Von seinem Recht gewißlich nicht, wenn nur nicht
—Vom Platze!

Buttler. (betroffen)
Wißt Ihr etwas? Ihr erschreckt mich.

Isolani. (zugleich)
Wir wären alle ruiniert!

Illo.
Brecht ab!
Ich sehe unsern Mann dort eben kommen
Mit Gen'ralleutnant Piccolomini.

Buttler. (den Kopf bedenklich schüttelnd)
Ich fürchte,
Wir gehn nicht von hier, wie wir kamen.

Zweiter Auftritt

Vorige. Octavio Piccolomini. Questenberg.

Octavio. (noch in der Entfernung)
Wie? Noch der Gäste mehr? Gestehn Sie, Freund!
Es brauchte diesen tränenvollen Krieg,
So vieler Helden ruhmgekrönter Häupter
In eines Lagers Umkreis zu versammeln.

Questenberg.
In kein Friedländisch Heereslager komme,
Wer von dem Kriege Böses denken will.
Beinah vergessen hätt' ich seine Plagen,
Da mir der Ordnung hoher Geist erschienen,
Durch die er, weltzerstörend, selbst besteht,
Das Große mir erschienen, das er bildet.

Octavio.
Und siehe da! ein tapfres Paar, das würdig
Den Heldenreihen schließt: Graf Isolan
Und Obrist Buttler.—Nun, da haben wir
Vor Augen gleich das ganze Kriegeshandwerk.

(Buttlern und Isolani präsentierend.)

Es ist die Stärke, Freund, und Schnelligkeit.

Questenberg. (zu Octavio)
Und zwischen beiden der erfahrne Rat.

Octavio. (zu Questenbergen an jene vorstellend).
Den Kammerherrn und Kriegsrat Questenberg,
Den Überbringer kaiserlicher Befehle,
Der Soldaten großen Gönner und Patron
Verehren wir in diesem würdigen Gaste.

(Allgemeines Stillschweigen.)

Illo. (nähert sich Questenbergen)
Es ist das erste Mal nicht, Herr Minister,
Daß Sie im Lager uns die Ehr' erweisen.

Questenberg.
Schon einmal sah ich mich vor diesen Fahnen.

Illo.
Und wissen Sie, wo das gewesen ist?
Zu Znaym war's, in Mähren, wo Sie sich
Von Kaisers wegen eingestellt, den Herzog
Um Übernahm' des Regiments zu flehen.

Questenberg.
Zu flehn, Herr General? So weit ging weder
Mein Auftrag, daß ich wüßte, noch mein Eifer.

Illo.
Nun! Ihn zu zwingen, wenn Sie wollen. Ich
Erinnre mich's recht gut—Graf Tilly war
Am Lech aufs Haupt geschlagen—offen stand
Das Bayerland dem Feind—nichts hielt ihn auf,
Bis in das Herz von Östreich vorzudringen.
Damals erschienen Sie und Werdenberg
Vor unserm Herrn, mit Bitten in ihn stürmend
Und mit der kaiserlichen Ungnad' drohend,
Wenn sich der Fürst des Jammers nicht erbarme.

Isolani. (tritt dazu)
Ja, ja! 's ist zu begreifen, Herr Minister,
Warum Sie sich bei Ihrem heut'gen Auftrag
An jenen alten just nicht gern erinnern.

Questenberg.
Wie sollt' ich nicht! Ist zwischen beiden doch
Kein Widerspruch! Damalen galt es, Böhmen

Aus Feindes Hand zu reißen, heute soll ich's
Befrein von seinen Freunden und Beschützern.

Illo.

Ein schönes Amt! Nachdem wir dieses Böhmen,
Mit unserm Blut, dem Sachsen abgefochten,
Will man zum Dank uns aus dem Lande werfen.

Questenberg.

Wenn es nicht bloß ein Elend mit dem andern
Vertauscht soll haben, muß das arme Land
Von Freund und Feindes Geißel gleich befreit sein.

Illo.

Ei was! Es war ein gutes Jahr, der Bauer kann
Schon wieder geben.

Questenberg.

Ja, wenn Sie von Herden
Und Weideplätzen reden, Herr Feldmarschall—

Isolani.

Der Krieg ernährt den Krieg. Gehn Bauern drauf,
Ei, so gewinnt der Kaiser mehr Soldaten.

Questenberg.

Und wird um so viel Untertanen ärmer!

Isolani.

Pah! Seine Untertanen sind wir alle!

Questenberg.

Mit Unterschied, Herr Graf! Die einen füllen
Mit nützlicher Geschäftigkeit den Beutel,
Und andre wissen nur ihn brav zu leeren.
Der Degen hat den Kaiser arm gemacht;
Der Pflug ist's, der ihn wieder stärken muß.

Buttler.

Der Kaiser wär' nicht arm, wenn nicht so viel
—Blutigel saugten an dem Mark des Landes.

Isolani.

So arg kann's auch nicht sein. Ich sehe ja,

(indem er sich vor ihm hinstellt und seinen Anzug mustert)

Es ist noch lang nicht alles Gold gemünzt.

Questenberg.

Gottlob! Noch etwas weniges hat man
Geflüchtet—vor den Fingern der Kroaten.

Illo.

Da! der Slawata und der Martinitz,
Auf die der Kaiser, allen guten Böhmen
Zum Ärgernisse, Gnadengaben häuft—
Die sich vom Raube der vertriebnen Bürger mästen—
Die von der allgemeinen Fäulnis wachsen,
Allein im öffentlichen Unglück ernten—
Mit königlichem Prunk dem Schmerz des Landes
Hohnsprechen—die und ihresgleichen laßt
Den Krieg bezahlen, den verderblichen,
Den sie allein doch angezündet haben.

Buttler.

Und diese Ladenschmarutzer, die die Füße
Beständig unterm Tisch des Kaisers haben,
Nach allen Benefizen hungrig schnappen,
Die wollen dem Soldaten, der vorm Feind liegt,
Das Brot vorschneiden und die Rechnung streichen.

Isolani.

Mein Lebtag denk ich dran, wie ich nach Wien
Vor sieben Jahren kam, um die Remonte
Für unsre Regimenter zu betreiben,
Wie sie von einer Antecamera
Zur andern mich herumgeschleppt, mich unter
Den Schranzen stehen lassen, stundenlang,
Als wär' ich da, ums Gnadenbrot zu betteln.
Zuletzt—da schickten sie mir einen Kapuziner,
Ich dacht', es wär' um meiner Sünden willen!
Nein doch, das war der Mann, mit dem
Ich um die Reiterpferde sollte handeln.
Ich mußt' auch abziehn unverrichteter Ding'.
Der Fürst nachher verschaffte mir in drei Tagen,
Was ich zu Wien in dreißig nicht erlangte.

Questenberg.

Ja, ja! Der Posten fand sich in der Rechnung,
Ich weiß, wir haben noch daran zu zahlen.

Illo.

Es ist der Krieg ein roh, gewaltsam Handwerk.
Man kommt nicht aus mit sanften Mitteln, alles

Läßt sich nicht schonen. Wollte man's erpassen,
Bis sie zu Wien aus vierundzwanzig Übeln
Das kleinste ausgewählt, man paßte lange!
—Frisch mitten durchgegriffen, das ist besser!
Reiß' dann, was mag!—Die Menschen, in der Regel,
Verstehen sich aufs Flicken und aufs Stückeln
Und finden sich in ein verhaßtes Müssen
Weit besser als in eine bittre Wahl.

Questenberg.
    Ja, das ist wahr! Die Wahl spart uns der Fürst.

Illo.
    Der Fürst trägt Vatersorge für die Truppen,
    Wir sehen, wie's der Kaiser mit uns meint.

Questenberg.
    Für jeden Stand hat er ein gleiches Herz
    Und kann den einen nicht dem andern opfern.

Isolani.
    Drum stößt er uns zum Raubtier in die Wüste,
    Um seine teuren Schafe zu behüten.

Questenberg. (mit Hohn)
    Herr Graf! Dies Gleichnis machen Sie—nicht ich.

Illo.
    Doch wären wir, wofür der Hof uns nimmmt,
    Gefährlich war's, die Freiheit uns zu geben.

Questenberg. (mit Ernst)
    Genommen ist die Freiheit, nicht gegeben,
    Drum tut es not, den Zaum ihr anzulegen.

Illo.
    Ein wildes Pferd erwarte man zu finden.

Questenberg.
    Ein beßrer Reiter wird's besänftigen.

Illo.
    Es trägt den einen nur, der es gezähmt.

Questenberg.
    Ist es gezähmt, so folgt es einem Kinde.

Illo.
    Das Kind, ich weiß, hat man ihm schon gefunden.

Questenberg.
Sie kümmre nur die Pflicht und nicht der Name.

Buttler. (der sich bisher mit Piccolomini seitwärts gehalten, doch mit sichtbarem Anteil an dem Gespräch, tritt näher)

Herr Präsident! Dem Kaiser steht in Deutschland
Ein stattlich Kriegsvolk da, es kantonieren
In diesem Königreich wohl dreißigtausend ,
Wohl sechzehntausend Mann in Schlesien;
Zehn Regimenter stehn am Weserstrom,
Am Rhein und Main; in Schwaben bieten sechs,
In Bayern zwölf den Schwedischen die Spitze.
Nicht zu gedenken der Besatzungen,
Die an der Grenz' die festen Plätze schirmen.
All dieses Volk gehorcht Friedländischen
Hauptleuten. Die's befehligen, sind alle
In eine Schul' gegangen, eine Milch
Hat sie ernährt, ein Herz belebt sie alle.
Fremdlinge stehn sie da auf diesem Boden,
Der Dienst allein ist ihnen Haus und Heimat.
Sie treibt der Eifer nicht fürs Vaterland,
Denn Tausende, wie mich, gebar die Fremde.
Nicht für den Kaiser, wohl die Hälfte kam
Aus fremdem Dienst feldflüchtig uns herüber,
Gleichgültig, unterm Doppeladler fechtend
Wie unterm Löwen und den Lilien.
Doch alle führt an gleich gewalt'gem Zügel
Ein einziger, durch gleiche Lieb' und Furcht
Zu einem Volke sie zusammenbindend.
Und wie des Blitzes Funke sicher, schnell,
Geleitet an der Wetterstange, läuft,
Herrscht sein Befehl vom letzten fernen Posten,
Der an die Dünen branden hört den Belt,
Der in der Etsch fruchtbare Täler sieht,
Bis zu der Wache, die ihr Schilderhaus
Hat aufgerichtet an der Kaiserburg.

Questenberg.
Was ist der langen Rede kurzer Sinn?

Buttler.
Daß der Respekt, die Neigung, das Vertraun,
Das uns dem Friedland unterwürfig macht,
Nicht auf den ersten besten sich verpflanzt,

Den uns der Hof aus Wien herübersendet.
Und ist in treuem Angedenken noch,
Wie das Kommando kam in Friedlands Hände.
War's etwa kaiserliche Majestät,
Die ein gemachtes Heer ihm übergab,
Den Führer nur gesucht zu ihren Truppen?
—Noch gar nicht war das Heer. Erschaffen erst
Mußt' es der Friedland, er empfing es nicht,
Er gab's dem Kaiser! Von dem Kaiser nicht
Erhielten wir den Wallenstein zum Feldherrn.
So ist es nicht, so nicht! Vom Wallenstein
Erhielten wir den Kaiser erst zum Herrn,
Er knüpft uns, er allein, an diese Fahnen.

Octavio. (tritt dazwischen)
Es ist nur zur Erinnerung, Herr Kriegsrat,
Daß Sie im Lager sind und unter Kriegern.-
Die Kühnheit macht, die Freiheit den Soldaten.-
Vermöcht' er keck zu handeln, dürft' er nicht
Keck reden auch?—Eins geht ins andre drein.-
Die Kühnheit dieses würd'gen Offiziers,
(auf Buttlern zeigend)
Die jetzt in ihrem Ziel sich nur vergriff,
Erhielt, wo nichts als Kühnheit retten konnte,
Bei einem furchtbarn Aufstand der Besatzung
Dem Kaiser seine Hauptstadt Prag.
(Man hört von fern eine Kriegsmusik)

Illo.
Das sind sie!
Die Wachen salutieren—Dies Signal
Bedeutet uns, die Fürstin sei herein.

Octavio. (zu Questenberg)
So ist auch mein Sohn Max zurück. Er hat sie
Aus Kärnten abgeholt und hergeleitet.

Isolani. (zu Illo)
Gehn wir zusammen hin, sie zu begrüßen?

Illo.
Wohl! Laßt uns gehen. Oberst Buttler, kommt!

(zum Octavio.)

Erinnert Euch, daß wir vor Mittag noch
Mit diesem Herrn beim Fürsten uns begegnen.

Dritter Auftritt

Octavio und Questenberg, die zurückbleiben.

Questenberg. (mit Zeichen des Erstaunens)
 Was hab ich hören müssen, Gen'ralleutnant!
 Welch zügelloser Trotz! Was für Begriffe!
 —Wenn dieser Geist der allgemeine ist—

Octavio.
 Drei Viertel der Armee vernahmen Sie.

Questenberg.
 Weh uns! Wo dann ein zweites Heer gleich finden,
 Um dieses zu bewachen!—Dieser Illo, fürcht ich,
 Denkt noch viel schlimmer, als er spricht. Auch dieser Buttler
 Kann seine böse Meinung nicht verbergen.

Octavio.
 Empfindlichkeit—gereizter Stolz—nichts weiter!-
 Diesen Buttler geb ich noch nicht auf; ich weiß,
 Wie dieser böse Geist zu bannen ist.

Questenberg. (voll Unruh' auf und ab gehend)
 Nein! das ist schlimmer, oh! viel schlimmer, Freund!
 Als wir's in Wien uns hatten träumen lassen.
 Wie sahen's nur mit Höflingsaugen an,
 Die von dem Glanz des Throns geblendet waren;
 Den Feldherrn hatten wir noch nicht gesehn,
 Den allvermögenden, in seinem Lager.
 Hier ist's ganz anders!
 Hier ist kein Kaiser mehr. Der Fürst ist Kaiser!
 Der Gang, den ich an Ihrer Seite jetzt
 Durchs Lager tat, schlägt meine Hoffnung nieder.

Octavio.
 Sie sehn nun selbst, welch ein gefährlich Amt
 Es ist, das Sie vom Hof mir überbrachten—
 Wie mißlich die Person, die ich hier spiele.
 Der leiseste Verdacht des Generals,
 Er würde Freiheit mir und Leben kosten
 Und sein verwegenes Beginnen nur
 Beschleunigen.

Questenberg.
 Wo war die Überlegung,
 Als wir dem Rasenden das Schwert vertraut

Und solche Macht gelegt in solche Hand!
Zu stark für dieses schlimmverwahrte Herz
War die Versuchung! Hätte sie doch selbst
Dem bessern Mann gefährlich werden müssen!
Er wird sich weigern, sag ich Ihnen,
Der kaiserlichen Ordre zu gehorchen.—
Er kann's und wird's.—Sein unbestrafter Trotz
Wird unsre Ohnmacht schimpflich offenbaren.

Octavio.
Und glauben Sie, daß er Gemahlin, Tochter
Umsonst hieher ins Lager kommen ließ,
Gerade jetzt, da wir zum Krieg uns rüsten?
Daß er die letzte Pfänder seine Treu'
Aus Kaisers Landen führt, das deutet uns
Auf einen nahen Ausbruch der Empörung.

Questenberg.
Weh uns! und wie dem Ungewitter stehn,
Das drohend uns umzieht von allen Enden?
Der Reichsfeind an den Grenzen, Meister schon
Vom Donaustrom, stets weiter um sich greifend—
Im innern Land des Aufruhrs Feuerglocke—
Der Bauer in Waffen—alle Stände schwürig—
Und die Armee, von der wir Hilf' erwarten,
Verführt, verwildert, aller Zucht entwohnt—
Vom Staat, von ihrem Kaiser losgerissen,
Vom Schwindelnden die schwindelnde geführt,
Ein furchtbar Werkzeug, dem verwegensten
Der Menschen blind gehorchend hingegeben—

Octavio.
Verzagen wir auch nicht zu früh, mein Freund!
Stets ist die Sprache kecker als die Tat,
Und mancher, der in blindem Eifer jetzt
Zu jedem Äußersten entschlossen scheint,
Findet unerwartet in der Brust ein Herz,
Spricht man des Frevels wahren Namen aus.
Zudem—ganz unverteidigt sind wir nicht.
Graf Altringer und Gallas, wissen Sie ,
Erhalten in der Pflicht ihr kleines Heer—
Verstärken es noch täglich.—Überraschen
Kann er uns nicht, Sie wissen, daß ich ihn
Mit meinen Horchern rings umgeben habe;

Vom kleinsten Schritt erhalt ich Wissenschaft
Sogleich—Ja, mir entdeckt's sein eigner Mund.

Questenberg.
Ganz unbegreiflich ist's, daß er den Feind nicht merkt
An seiner Seite.

Octavio.
Denken Sie nicht etwa,
Daß ich durch Lügenkünste, gleisnerische
Gefälligkeit in seine Gunst mich stahl,
Durch Heuchelworte sein Vertrauen nähre.
Befiehlt mir gleich die Klugheit und die Pflicht,
Die ich dem Reich, dem Kaiser schuldig bin,
Daß ich mein wahres Herz vor ihm verberge,
Ein falsches hab ich niemals ihm geheuchelt!

Questenberg.
Es ist des Himmels sichtbarliche Fügung.

Octavio.
Ich weiß nicht, was es ist-was ihn an mich
Und meinen Sohn so mächtig zieht und kettet.
Wir waren immer Freunde, Waffenbrüder;
Gewohnheit, gleichgeteilte Abenteuer
Verbanden uns schon frühe-doch ich weiß
Den Tag zu nennen, wo mit einemmal
Sein Herz mir aufging, sein Vertrauen wuchs.
Es war der Morgen vor der Lützner Schlacht—
Mich trieb ein böser Traum, ihn aufzusuchen,
Ein ander Pferd zur Schlacht ihm anzubieten.
Fern von den Zelten, unter einem Baum
Fand ich ihn eingeschlafen. Als ich ihn
Erweckte, mein Bedenken ihm erzählte,
Sah er mich lange staunend an; drauf fiel er
Mir um den Hals und zeigte eine Rührung,
Wie jener kleine Dienst sie gar nicht wert war.
Seit jenem Tag verfolgt mich sein Vertrauen
In gleichem Maß, als ihn das meine flieht.

Questenberg.
Sie ziehen Ihren Sohn doch ins Geheimnis?

Octavio.
Nein!

Questenberg.
Wie? auch warnen wollen Sie ihn nicht,
In welcher schlimmen Hand er sich befinde?

Octavio.
Ich muß ihn seiner Unschuld anvertrauen.
Verstellung ist der offnen Seele fremd,
Unwissenheit allein kann ihm die Geistesfreiheit
Bewahren, die den Herzog sicher macht.

Questenberg. (besorglich)
Mein würd'ger Freund! Ich hab die beste Meinung
Vom Oberst Piccolomini—doch—wenn—
Bedenken Sie—

Octavio.
Ich muß es darauf wagen—Still! Da kommt er.

Vierter Auftritt

Max Piccolomini. Octavio Piccolomini. Questenberg.

Max.
Da ist er ja gleich selbst. Willkommen, Vater!
(Er umarmt ihn. Wie er sich umwendet, bermerkt er Questenbergen
und tritt kalt zurück.)
Beschäftigt, wie ich seh? Ich will ihn nicht stören.

Octavio.
Wie, Max? Sieh diesen Gast doch näher an.
Aufmerksamkeit verdient ein alter Freund;
Ehrfurcht gebührt dem Boten deines Kaisers.

Max. (trocken)
Von Questenberg! Willkommen, wenn was Gutes
Ins Hauptquartier Sie herführt.

Questenberg. (hat seine Hand gefaßt)
Ziehen Sie
Die Hand nicht weg, Graf Piccolomini,
Ich fasse sie nicht bloß von meinetwegen,
Und nichts Gemeines will ich damit sagen.
(Beider Hände fassend.)
Octavio—Max Piccolomini!
Heilbringend, vorbedeutungsvolle Namen!
Nie wird das Glück von Österreich sich wenden,
Solang zwei solche Sterne, segenreich
Und schützend, leuchten über seinen Heeren.

Max.
> Sie fallen aus der Rolle, Herr Minister,
> Nicht Lobens wegen sind Sie hier, ich weiß,
> Sie sind geschickt, zu tadeln und zu schelten—
> Ich will voraus nichts haben vor den andern.

Octavio. (zu Max)
> Er kommt vom Hofe, wo man mit dem Herzog
> Nicht ganz so wohl zufrieden ist als hier.

Max.
> Was gibt's aufs neu denn an ihm auszustellen?
> Daß er für sich allein beschließt, was er
> Allein versteht? Wohl! daran tut er recht,
> Und wird's dabei auch sein Verbleiben haben.-
> Er ist nun einmal nicht gemacht, nach andern
> Geschmeidig sich zu fügen und zu wenden,
> Es geht ihm wider die Natur, er kann's nicht.
> Geworden ist ihm eine Herrscherseele,
> Und ist gestellt auf einen Herrscherplatz.
> Wohl uns, daß es so ist! Es können sich
> Nur wenige regieren, den Verstand
> Verständig brauchen—Wohl dem Ganzen, findet
> Sich einmal einer, der ein Mittelpunkt
> Für viele Tausend wird, ein Halt;—sich hinstellt
> Wie eine feste Säul', an die man sich
> Mit Lust mag schließen und mit Zuversicht.
> So einer ist der Wallenstein, und taugte
> Dem Hof ein andrer besser—der Armee
> Frommt nur ein solcher.

Questenberg.
> Der Arme! Jawohl!

Max.
> Und eine Lust ist's, wie er alles weckt
> Und stärkt und neu belebt um sich herum,
> Wie jede Kraft sich ausspricht, jede Gabe
> Gleich deutlicher sich wird in seiner Nähe!
> Jedwedem zieht er seine Kraft hervor,
> Die eigentümliche, und zieht sie groß,
> Läßt jeden ganz das bleiben, was er ist,
> Er wacht nur drüber, daß er's immer sei
> Am rechten Ort; so weiß er aller Menschen
> Vermögen zu dem seinigen zu machen.

Questenberg.

    Wer spricht ihm ab, daß er die Menschen kenne,
    Sie zu gebrauche wisse! Überm Herrscher
    Vergißt er nur den Diener ganz und gar,
    Als wär' mit seiner Würd' er schon geboren.

Max.

    Ist er's denn nicht? Mit jeder Kraft dazu
    Ist er's, und mit der Kraft noch obendrein,
    Buchstäblich zu vollstrecken die Natur,
    Dem Herrschtalent den Herrschplatz zu erobern.

Questenberg.

    So kommt's zuletzt auf seine Großmut an,
    Wieviel wir überall noch gelten sollen!

Max.

    Der seltne Mann will seltenes Vertrauen.
    Gebt ihm den Raum, das Ziel wird er sich setzen.

Questenberg.

    Die Proben geben's.

Max.

    Ja! so sind sie! Schreckt
    Sie alles gleich, was eine Tiefe hat;
    Ist ihnen nirgends wohl, als wo's recht flach ist.

Octavio. (zu Questenberg)

    Ergeben Sie sich nur in gutem, Freund!
    Mit dem da werden Sie nicht fertig.

Max.

    Da rufen sie den Geist an in der Not,
    Und grauet ihnen gleich, wenn er sich zeigt.
    Das Ungemeine soll, das Höchste selbst
    Geschehn wie das Alltägliche. Im Feld,
    Da dringt die Gegenwart—Persönliches
    Muß herrschen, eignes Auge sehn. Es braucht
    Der Feldherr jedes Große der Natur,
    So gönne man ihm auch, in ihren großen
    Verhältnissen zu leben. Das Orakel
    In seinem Innern, das lebendige—
    Nicht tote Bücher, alte Ordnungen,
    Nicht modrigte Papiere soll er fragen.

Octavio.

Mein Sohn! Laß uns die alten, engen Ordnungen
Gering nicht achten! Köstlich unschätzbare
Gewichte sind's, die der bedrängte Mensch
An seiner Dränger raschen Willen band;
Denn immer war die Willkür fürchterlich—
Der Weg der Ordnung, ging' er auch durch Krümmmen,
Er ist kein Umweg. Grad aus geht des Blitzes,
Geht des Kanonballs fürchterlicher Pfad—
Schnell, auf dem nächsten Wege, langt er an,
Macht sich zermalmend Platz, um zu zermalmen.
Mein Sohn! Die Straße, die der Mensch befährt,
Worauf der Segen wandelt, diese folgt
Der Flüsse Lauf, der Täler freien Krümmen,
Umgeht das Weizenfeld, den Rebenhügel,
Des Eigentums gemeßne Grenzen ehrend—
So führt sie später, sicher doch zum Ziel.

Questenberg.

Oh! hören Sie den Vater—hören Sie
Ihn, der ein Held ist und ein Mensch zugleich.

Octavio.

Das Kind des Lagers spricht aus dir, mein Sohn.
Ein fünfzehnjähr'ger Krieg hat dich erzogen,
—Du hast den Frieden nie gesehn! Es gibt
Noch höhern Wert, mein Sohn, als kriegerischen;
Im Kriege selber ist das Letzte nicht der Krieg.
Die großen, schnellen Taten der Gewalt,
Des Augenblicks erstaunenswerte Wunder,
Die sind es nicht, die das Beglückende,
Das ruhig, mächtig Dauernde erzeugen.
In Hast und Eile bauet der Soldat
Von Leinwand seine leichte Stadt, da wird
Ein augenblicklich Brausen und Bewegen,
Der Markt belebt sich, Straßen, Flüsse sind
Bedeckt mit Fracht, es rührt sich das Gewerbe.
Doch eines Morgens plötzlich siehet man
Die Zelte fallen, weiter rückt die Horde,
Und ausgestorben, wie ein Kirchhof, bleibt
Der Acker, das zerstampfte Saatfeld liegen,
Und um des Jahres Ernte ist's getan.

Max.

Oh! laß den Kaiser Friede machen, Vater!

Den blut'gen Lorbeer geb ich hin mit Freuden
Fürs erste Veilchen, das der März uns bringt,
Das duftige Pfand der neuverjüngten Erde.

Octavio.
Wie wird dir? Was bewegt dich so auf einmal?

Max.
Ich hab den Frieden nie gesehn?—Ich hab ihn
Gesehen, alter Vater , eben komm ich—
Jetzt eben davon her—er führte mich
Der Weg durch Länder, wo der Krieg nicht
hingekommen—oh! das Leben, Vater,
Hat Reize, die wir nie gekannt.—Wir haben
Des schönen Lebens öde Küste nur
Wie ein umirrend Räubervolk befahren,
Das, in sein dumpfig-enges Schiff gepreßt,
Im wüsten Meer mit wüsten Sitten haust,
Vom großen Land nichts als die Buchten kennt,
Wo es die Diebeslandung wagen darf.
Was in den innern Tälern Köstliches
Das Land verbirgt, oh! davon—davon ist
Auf unsrer wilden Fahrt uns nichts erschienen.

Ocatvio. (wird aufmerksam)
Und hätt' es diese Reise dir gezeigt?

Max.
Es war die erste Muße meines Lebens.
Sag mir, was ist der Arbeit Ziel und Preis,
Der peinlichen, die mir die Jugend stahl,
Das Herz mir öde ließ und unerquickt
Den Geist, den keine Bildung noch geschmücket?
Denn dieses Lagers lärmendes Gewühl,
Der Pferde Wiehern, der Trompete Schmettern,
Des Dienstes immer gleichgestellte Uhr,
Die Waffenübung, das Kommandowort—
Dem Herzen gibt es nichts, dem lechzenden.
Die Seele fehlt dem nichtigen Geschäft—
Es gibt ein andres Glück und andre Freuden.

Octavio.
Viel lerntest du auf diesem kurzen Weg, mein Sohn!

Max.
O schöner Tag! wenn endlich der Soldat

Ins Leben heimkehrt, in die Menschlichkeit,
Zum frohen Zug die Fahnen sich entfalten,
Und heimwärts schlägt der sanfte Friedensmarsch.
Wenn alle Hüte sich und Helme schmücken
Mit grünen Maien, dem letzten Raub der Felder!
Der Städte Tore gehen auf, von selbst,
Nicht die Petarde braucht sie mehr zu sprengen;
Von Menschen sind die Wälle rings erfüllt,
Von friedlichen, die in die Lüfte grüßen—
Hell klingt von allen Türmen das Geläut,
Des blut'gen Tages frohe Vesper schlagend.
Aus Dörfern und aus Städten wimmelnd strömt
Ein jauchzend Volk, mit liebend emsiger
Zudringlichkeit des Heeres Fortzug hindernd—
Da schüttelt, froh des noch erlebten Tags,
Dem heimgekehrten Sohn der Greis die Hände.
Ein Fremdling tritt er in sein Eigentum,
Das längstverlaßne, ein; mit breiten Ästen
Deckt ihn der Baum bei seiner Wiederkehr,
Der sich zur Gerte bog, als er gegangen,
Und schamhaft tritt als Jungfrau ihm entgegen,
Die er einst an der Amme Brust verließ.
Oh! glücklich, wem dann auch sich eine Tür,
Sich zarte Arme sanft umschlingend öffnen—

Questenberg. (gerührt)
Oh! daß Sie von so ferner, ferner Zeit,
Und nicht von morgen, nicht von heute sprechen!

Max. (mit Heftigkeit sich zu ihm wendend)
Wer sonst ist schuld daran als ihr in Wien?—
Ich will's nur frei gestehen, Questenberg!
Als ich vorhin Sie stehen sah, es preßte
Der Unmut mir das Innerste zusammen—
Ihr seid es, die den Frieden hinder, ihr!
Der Krieger ist's, der ihn erzwingen muß.
Dem Fürsten macht ihr's Leben sauer, macht
Ihm alle Schritte schwer, ihr schwärzt ihn an—
Warum? Weil an Europas großem Besten
Ihm mehr liegt als an ein paar Hufen Landes,
Die Östreich mehr hat oder weniger—
Ihr macht ihn zum Empörer und, Gott weiß!
Zu was noch mehr, weil er die Sachsen schont,
Beim Feind Vertrauen zu erwecken sucht,

Das doch der einz'ge Weg zum Frieden ist;
Denn hört der Krieg im Kriege nicht schon auf,
Woher soll Friede kommen?—Geht nur, geht!
Wie ich das Gute liebe, haß ich euch—
Und hier gelob ich's an, verspritzen will ich
Für ihn, für diesen Wallenstein, mein Blut,
Das letzte meines Herzens, tropfenweis, eh' daß
Ihr über seinen Fall frohlocken sollt!
(Er geht ab.)

Fünfter Auftritt

Questenberg. Octavio Piccolomini.

Questenberg.
    O weh uns! Steht es so?
(Dringend und ungeduldig.)
    Freund, und wir lassen ihn in diesem Wahn
    Dahingehn, rufen ihn nicht gleich
    Zurück, daß wir die Augen auf der Stelle
    Ihm öffnen?

Octavio. (aus einem tiefen Nachdenken zu sich kommend)
    Mir hat er sie jetzt geöffnet,
    Und mehr erblick ich, als mich freut.

Questenberg.
    Was ist es, Freund?

Octavio.
    Fluch über diese Reise!

Questenberg.
    Wieso! Was ist es?

Octavio.
    Kommen Sie! Ich muß
    Sogleich die unglückselige Spur verfolgen,
    Mit meinen Augen sehen—Kommen Sie—

(Will ihn fortführen.)

Questenberg.
    Was denn? Wohin?

Octavio. (pressiert)
    Zu ihr!

Questenberg.
Zu—

Octavio. (korrigiert sich)
Zum Herzog! Gehn wir. Oh! ich fürchte alles.
Ich seh' das Netz geworfen über ihn,
Er kommt mir nicht zurück, wie er gegangen.

Questenberg.
Erklären Sie mir nur—

Octavio.
Und konnt' ich's nicht
Vorhersehn? Nicht die Reise hintertreiben?
Warum verschwieg ich's ihm?—Sie hatten recht,
Ich mußt' ihn warnen—Jetzo ist's zu spät.

Questenberg.
Was ist zu spät? Besinnen Sie sich, Freund,
Daß Sie in lauter Rätseln zu mir reden.

Octavio. (gefaßter).
Wir gehn zum Herzog. Kommen Sie. Die Stunde
Rückt auch heran, die er zur Audienz
Bestimmt hat. Kommen Sie!—
Verwünscht! dreimal verwünscht sei diese Reise!
(Er führt ihn weg. Der Vorhang fällt.)

Zweiter Aufzug

Saal beim Herzog von Friedland

Erster Auftritt

Bediente setzen Stühle und breiten Fußteppiche aus. Gleich darauf Seni, der Astrolog, wie ein italienischer Doktor schwarz und etwas phantastisch gekleidet. Er tritt in die Mitte des Saals, ein weißes Stäbchen in der Hand, womit er die Himmelsgegenden bezeichnet.

Bedienter. (mit einem Rauchfaß herumgehend)
Greift an! Macht, daß ein Ende wird! Die Wache
Ruft ins Gewehr. Sie werden gleich erscheinen.

Zweiter Bedienter.
Warum denn aber ward die Erkerstube,
Die rote, abbestellt, die doch so leuchtet?

Erster Bedienter.
Da frag den Mathematikus. Der sagt,
Es sei ein Unglückszimmer.

Zweiter Bedienter.
Narrenspossen!
Das heißt die Leute scheren. Saal ist Saal.
Was kann der Ort viel zu bedeuten haben?

Seni. (mit Gravität)
Mein Sohn! Nichts in der Welt ist unbedeutend.
Das Erste aber und Hauptsächlichste
Bei allem ird'schen Ding ist Ort und Stunde.

Dritter Bedienter.
Laß dich mit dem nicht ein, Nathanael.
Muß ihm der Herr doch selbst den Willen tun.

Seni. (zählt die Stühle)
Eilf! Eine böse Zahl. Zwölf Stühle setzt,
Zwölf Zeichen hat der Tierkreis; Fünf und Sieben,
Die heil'gen Zahlen, liegen in der Zwölfe.

Zweiter Bedienter.
Was habt Ihr gegen Eilf? Das laßt mich wissen.

Seni.
Eilf ist die Sünde. Eilfe überschreitet
Die zehn Gebote.

Zweiter Bedienter.
 So? Und warum nennt Ihr
 Die Fünfe eine heil'ge Zahl?

Seni.
 Fünf ist
 Des Menschen Seele. Wie der Mensch aus Gutem
 Und Bösem ist gemischt, so ist die Fünfe
 Die erste Zahl aus Grad' und Ungerade.

Erster Bedienter.
 Der Narr!

Dritter Bedienter.
 Ei, laß ihn doch! Ich hör ihm gerne zu,
 Denn mancherlei doch denkt sich bei den Worten.

Zweiter Bedienter.
 Hinweg! Sie kommen! Da! zur Seitentür hinaus.

(Sie eilen fort. Seni folgt langsam.)

Zweiter Auftritt

Wallenstein. Die Herzogin.

Wallenstein.
 Nun, Herzogin? Sie haben Wien berührt,
 Sich vorgestellt der Königin von Ungarn?

Herzogin.
 Der Kaiserin auch. Bei beiden Majestäten
 Sind wir zum Handkuß zugelassen worden.

Wallenstein.
 Wie nahm man's auf, daß ich Gemahlin, Tochter
 Zu dieser Winterszeit ins Feld beschieden?

Herzogin.
 Ich tat nach Ihrer Vorschrift, führte an,
 Sie hätten über unser Kind bestimmt
 Und möchten gern dem künftigen Gemahl
 Noch vor dem Feldzug die Verlobte zeigen.

Wallenstein.
 Mutmaßte man die Wahl, die ich getroffen?

Herzogin.
 Man wünschte wohl, sie möch' auf keinen fremden
 Noch lutherischen Herrn gefallen sein.

Wallenstein.
  Was wünschen Sie , Elisabeth?

Herzogin.
  Ihr Wille, wissen Sie, war stets der meine.

Wallenstein. (nach einer Pause)
  Nun—Und wie war die Aufnahm' sonst am Hofe?
  (Herzogin schlägt die Augen nieder und schweigt.)
  Verbergen Sie mir nichts—Wie war's damit?

Herzogin.
  Oh! mein Gemahl—Es ist nicht alles mehr
  Wie sonst—Es ist ein Wandel vorgegangen.

Wallenstein.
  Wie? Ließ man's an der alten Achtung fehlen?

Herzogin.
  Nicht an der Achtung. Würdig und voll Anstand
  War das Benehmen—aber an die Stelle
  Huldreich vertraulicher Herablassung
  War feierliche Förmlichkeit getreten.
  Ach! und die zarte Schonung, die man zeigte,
  Sie hatte mehr vom Mitleid als der Gunst.
  Nein! Herzog Albrechts fürstliche Gemahlin,
  Graf Harrachs edle Tochter, hätte so—
  Nicht eben so empfangen werden sollen!

Wallenstein.
  Man schalt gewiß mein neuestes Betragen?

Herzogin.
  O hätte man's getan!—Ich bin's von lang her
  Gewohnt, Sie zu entschuldigen, zufrieden
  Zu sprechen die entrüsteten Gemüter—
  Nein, niemand schalt Sie—Man verhüllte sich
  In ein so lastend feierliches Schweigen.
  Ach! hier ist kein gewöhnlich Mißverständnis, keine
  Vorübergehende Empfindlichkeit—
  Etwas unglücklich, unersetzliches ist
  Geschehn—Sonst pflegte mich die Königin
  Von Ungarn immer ihre liebe Muhme
  Zu nennen, mich beim Abschied zu umarmen.

Wallenstein.
  Jetzt unterließ sie's?

Herzogin. (ihre Tränen trocknend, nach einer Pause)
Sie umarmte mich,
Doch erst, als ich den Urlaub schon genommen, schon
Der Türe zuging, kam sie auf mich zu,
Schnell, als besänne sie sich erst, und drückte
Mich an den Busen, mehr mit schmerzlicher
Als zärtlicher Bewegung.

Wallenstein. (ergreift ihre Hand)
Fassen Sie sich!—
Wie war's mit Eggenberg, mit Lichtenstein
Und mit den andern Freunden?

Herzogin. (den Kopf schüttelnd)
Keinen sah ich.

Wallenstein.
Und der hispanische Conte Ambassador,
Der sonst so warm für mich zu sprechen pflegte?

Herzogin.
Er hatte keine Zunge mehr für Sie.

Wallenstein.
Die Sonnen also scheinen uns nicht mehr,
Fortan muß eignes Feuer uns erleuchten.

Herzogin.
Und wär' es? Teurer Herzog, wär's an dem,
Was man am Hofe leise flüstert, sich
Im Lande laut erzählt—was Pater Lamormain
Durch einige Winke—

Wallenstein. (schnell)
Lamormain! Was sagt der?

Herzogin.
Man zeihe Sie verwegner Überschreitung
Der anvertrauten Vollmacht, freventlicher
Verhöhnung höchster, kaiserlicher Befehle.
Die Spanier, der Bayern stolzer Herzog
Stehen auf als Kläger wider Sie—
Ein Ungewitter zieh' sich über Ihnen
Zusammen, noch weit drohender als jenes,
Das Sie vordem zu Regenspurg gestürzt.
Man spreche, sagt er—ach! ich kann's nicht sagen—

Wallenstein. (gespannt). Nun?
  Herzogin.
  Von einer zweiten—
(Sie stockt.)

Wallenstein.
  Zweiten—

Herzogin.
  Schimpflichern
  —Absetzung.

Wallenstein.
  Spricht man?
(Heftig bewegt durch das Zimmer gehend.)
  Oh! sie zwingen mich, sie stoßen
  Gewaltsam, wider meinen Willen, mich hinein.

Herzogin. (sich bittend an ihn schmiegend)
  Oh! wenn's noch Zeit ist, mein Gemahl—Wenn es
  Mit Unterwerfung, mit Nachgiebigkeit
  Kann abgewendet werden—Geben Sie nach—
  Gewinnen Sie's dem stolzen Herzen ab,
  Es ist Ihr Herr und Kaiser, dem Sie weichen.
  Oh! lassen Sie es länger nicht geschehn,
  Daß hämische Bosheit Ihre gute Absicht
  Durch giftige, verhaßte Deutung schwärze.
  Mit Siegeskraft der Wahrheit stehen Sie auf,
  Die Lügner, die Verleumder zu beschämen.
  Wir haben so der guten Freunde wenig.
  Sie wissen's! Unser schnelles Glück hat uns
  Dem Haß der Menschen bloßgestellt—Was sind wir,
  Wann kaiserliche Huld sich von uns wendet!

Dritter Auftritt

Gräfin Terzky, welche die Prinzessin Thekla an der
  Hand führt, zu den Vorigen.

Gräfin.
  Wie, Schwester? Von Geschäften schon die Rede
  Und, wie ich seh, nicht von erfreulichen,
  Eh' er noch seines Kindes froh geworden?
  Der Freude gehört der erste Augenblick.
  Hier, Vater Friedland! das ist deine Tochter!
(Thekla nähert sich ihm schüchtern und will sich auf seine

Hand beugen; er empfängt sie in seinen Armen und bleibt
einige Zeit in ihrem Anschauen verloren stehen.)

Wallenstein.
Ja! Schön ist mir die Hoffnung aufgegangen.
Ich nehme sie zum Pfande größern Glücks.

Herzogin.
Ein zartes Kind noch war sie, als Sie gingen,
Das große Heer dem Kaiser aufzurichten.
Hernach, als Sie vom Feldzug heimgekehrt
Aus Pommern, war die Tochter schon im Stifte,
Wo sie geblieben ist bis jetzt.

Wallenstein.
Indes
Wir hier im Feld gesorgt, sie groß zu machen,
Das höchste Irdische ihr zu erfechten,
Hat Mutter Natur in stillen Klostermauern
Das Ihrige getan, dem lieben Kind
Aus freier Gunst das Göttliche gegeben
Und führt sie ihrem glänzenden Geschick
Und meiner Hoffnung schön geschmückt entgegen.

Herzogin. (zur Prinzessin)
Du hättest deinen Vater wohl nicht wieder
Erkannt, mein Kind? Kaum zähltest du acht Jahre,
Als du sein Angesicht zuletzt gesehn.

Thekla.
Doch, Mutter, auf den ersten Blick—mein Vater
Hat nicht gealtert—Wie sein Bild in mir gelebt,
So steht er blühend jetzt vor meinen Augen.

Wallenstein. (zur Herzogin)
Das holde Kind! Wie fein bemerkt und wie
Verständig! Sieh, ich zürnte mit dem Schicksal,
Daß mir's den Sohn versagt, der meines Namens
Und meines Glückes Erbe könnte sein,
In einer stolzen Linie von Fürsten
Mein schnell verlöschtes Dasein weiter leiten.
Ich tat dem Schicksal Unrecht. Hier auf dieses
Jungfräulich blühende Haupt will ich den Kranz
Des kriegerischen Lebens niederlegen;
Nicht für verloren acht ich's, wenn ich's einst,

In einen königlichen Schmuck verwandelt,
Um diese schöne Stirne flechten kann.

(Er hält sie in seinen Armen, wie Piccolomini hereintritt.)

Vierter Auftritt

Max Piccolomini und bald darauf Graf Terzky zu den Vorigen.

Gräfin.
Da kommt der Paladin, der uns beschützte.

Wallenstein.
Sei mir willkommen, Max. Stets warst du mir
Der Bringer irgendeiner schönen Freude,
Und, wie das glückliche Gestirn des Morgens,
Führst du die Lebenssonne mir herauf.

Max.
Mein General—

Wallenstein.
Bis jetzt war es der Kaiser,
Der dich durch meine Hand belohnt. Heut hast du
Den Vater dir, den glücklichen, verpflichtet,
Und diese Schuld muß Friedland selbst bezahlen.

Max.
Mein Fürst! Du eiltest sehr, sie abzutragen.
Ich komme mit Beschämung, ja mit Schmerz;
Denn kaum bin ich hier angelangt, hab Mutter
Und Tochter deinen Armen überliefert,
So wird aus deinem Marstall, reich geschirrt,
Ein prächt'ger Jagdzug mir von dir gebracht,
Für die gehabte Müh' mich abzulohnen.
Ja, ja, mich abzulohnen. Eine Müh',
Ein Amt bloß war's! Nicht eine Gunst, für die
Ich's vorschnell nahm und dir schon volles Herzens
Zu danken kam—Nein, so war's nicht gemeint,
Daß mein Geschäft mein schönstes Glück sein sollte!

(Terzky tritt herein und übergibt dem Herzog Briefe, welche
dieser schnell erbricht.)

Gräfin. (zu Max)
Belohnt er Ihre Mühe? Seine Freude
Vergilt er Ihnen. Ihnen steht es an,

So zart zu denken; meinem Schwager ziemt's,
Sich immer groß und fürstlich zu beweisen.

Thekla.
So müßt' auch ich an seiner Liebe zweifeln,
Denn seine gütigen Hände schmückten mich,
Noch eh' das Herz des Vaters mir gesprochen.

Max.
Ja, er muß immer geben und beglücken!
(er ergreift der Herzogin Hand, mit steigender Wärme.)
Was dank ich ihm nicht alles—oh! was sprech ich
Nicht alles aus in diesem teuren Namen Friedland!
Zeitlebens soll ich ein Gefangner sein
Von diesem Namen—darin blühen soll
Mir jedes Glück und jede schöne Hoffnung—
Fest, wie in einem Zauberringe, hält
Das Schicksal mich gebannt in diesem Namen.

Gräfin. (welche unterdessen den Herzog sorgfältig beobachtet,
bemerkt, daß er bei den Briefen nachdenkend geworden).
Der Bruder will allein sein. Laßt uns gehen.

Wallenstein. (wendet sich schnell um, faßt sich und spricht
heiter zur Herzogin.)
Noch einmal, Fürstin, heiß ich Sie im Feld willkommen.
Sie sind die Wirtin dieses Hofs—Du, Max,
Wirst diesmal noch dein altes Amt verwalten,
Indes wir hier des Herrn Geschäfte treiben.

(Max Piccolomini bietet der Herzogin den Arm, Gräfin führt die
Prinzessin ab.)

Terzky. (ihm nachrufend)
Versäumt nicht, der Versammlung beizuwohnen.

Fünfter Auftritt

Wallenstein. Terzky.

Wallenstein. (in tiefem Nachdenken zu sich selbst)
Sie hat ganz recht gesehn—So ist's und stimmt
Vollkommen zu den übrigen Berichten—
Sie haben ihren letzten Schluß gefaßt
In Wien, mir den Nachfolger schon gegeben.
Der Ungarn König ist's, der Ferdinand,
Des Kaisers Söhnlein, der ist jetzt ihr Heiland,
Das neu aufgehende Gestirn! Mit uns

Gedenkt man fertig schon zu sein, und wie
Ein Abgeschiedner sind wir schon beerbet.
Drum keine Zeit verloren!

(Indem er sich umwendet, bermerkt er den Terzky und gibt ihm
einen Brief.)

Graf Altringer läßt sich entschuldigen,
Auch Gallas—Das gefällt mir nicht.

Terzky.
Und wenn du
Noch länger säumst, bricht einer nach dem andern.

Wallenstein.
Der Altringer hat die Tiroler Pässe,
Ich muß ihm einen schicken, daß er mir
Die Spanier aus Mailand nicht hereinläßt.
—Nun! der Sesin, der alte Unterhändler,
Hat sich ja kürzlich wieder blicken lassen.
Was bringt er uns vom Grafen Thurn?

Terzky.
Der Graf entbietet dir,
Er hab' den schwed'schen Kanzler aufgesucht
Zu Halberstadt, wo jetzo der Konvent ist:
Der aber sagt' , er sei es müd und wolle
Nichts weiter mehr mit dir zu schaffen haben.

Wallenstein.
Wieso?

Terzky.
Es sei dir nimmer Ernst mit deinen Reden,
Du wollst die Schweden nur zum Narren haben,
Dich mit den Sachsen gegen sie verbinden,
Am Ende sie mit einem elenden Stück Geldes
Abfertigen.

Wallenstein.
So! Meint er wohl, ich soll ihm
Ein schönes deutsches Land zum Raube geben,
Daß wir zuletzt auf eignem Grund und Boden
Selbst nicht mehr Herren sind? Sie müssen fort,
Fort, fort! Wir brauchen keine solche Nachbarn.

Terzky.
Gönn ihnen doch das Fleckchen Land, geht's ja

Nicht von dem deinen! Was bekümmert's dich,
Wenn du das Spiel gewinnest, wer es zahlt.

Wallenstein.
Fort, fort mit ihnen—das verstehst du nicht.
Es soll nicht von mir heißen, daß ich Deutschland
Zerstücket hab', verraten an den Fremdling,
Um meine Portion mir zu erschleichen.
Mich soll das Reich als seinen Schirmer ehren,
Reichsfürstlich mich erweisend, will ich würdig
Mich bei des Reiches Fürsten niedersetzen.
Es soll im Reiche keine fremde Macht
Mir Wurzel fassen, und am wenigsten
Die Goten sollen's, diese Hungerleider,
Die nach dem Segen unsers deutschen Landes
Mit Neidesblicken raubbegierig schauen.
Beistehen sollen sie mir in meinen Planen
Und dennoch nichts dabei zu fischen haben.

Terzky.
Doch mit den Sachsen willst du ehrlicher
Verfahren? Sie verlieren die Geduld,
Weil du so krumme Wege machst—
Was sollen alle diese Masken? sprich!
Die Freunde zweifeln, werden irr an dir—
Der Oxenstirn, der Arnheim, keiner weiß,
Was er von deinem Zögern halten soll.
Am End' bin ich der Lügner, alles geht
Durch mich. Ich hab nicht einmal deine Handschrift.

Wallenstein.
Ich geb nichts Schriftliches von mir, du weißt's.

Terzky.
Woran erkennt man aber deinen Ernst,
Wenn auf das Wort die Tat nicht folgt? Sag selbst,
Was du bisher verhandelt mit dem Feind,
Hätt' alles auch recht gut geschehn sein können,
Wenn du nichts mehr damit gewollt, als ihn
Zum besten haben.

Wallenstein. (nach einer Pause, indem er ihn scharf ansieht)
Und woher weißt du, daß ich ihn nicht wirklich
Zum besten habe? Daß ich nicht euch alle
Zum besten habe? Kennst du mich so gut?
Ich wüßte nicht, daß ich mein Innerstes

Dir aufgetan—Der Kaiser, es ist wahr,
Hat übel mich behandelt!—Wenn ich wollte,
Ich könnt' ihm recht viel Böses dafür tun.
Es macht mir Freude, meine Macht zu kennen;
Ob ich sie wirklich brauchen werde, davon, denk ich,
Weißt du nicht mehr zu sagen als ein andrer.

Terzky.
So hast du stets dein Spiel mit uns getrieben!

Sechster Auftritt

Illo zu den Vorigen.

Wallenstein.
Wie steht es draußen? Sind sie vorbereitet?

Illo.
Du findest sie in der Stimmung, wie du wünschest.
Sie wissen um des Kaisers Forderungen
Und toben.

Wallenstein.
Wie erklärt sich Isolan?

Illo.
Der ist mit Leib und Seele dein, seitdem du
Die Pharobank ihm wieder aufgerichtet.

Wallenstein.
Wie nimmt sich der Colalto? Hast du dich
Des Deodat und Tiefenbach versichert?

Illo.
Was Piccolomini tut, das tun sie auch.

Wallenstein.
So,meinst du, kann ich was mit ihnen wagen?

Illo.
—Wenn du der Piccolomini gewiß bist.

Wallenstein.
Wie meiner selbst. Die lassen nie von mir.

Terzky.
Doch wollt' ich, daß du dem Octavio,
Dem Fuchs, nicht so viel trautest.

Wallenstein.
Lehre du
Mich meine Leute kennen. Sechzehnmal
Bin ich zu Feld gezogen mit dem Alten,
—Zudem—ich hab sein Horoskop gestellt,
Wir sind geboren unter gleichen Sternen—
Und kurz—
(geheimnisvoll)
Es hat damit sein eigenes Bewenden.
Wenn du mir also gutsagst für die andern—

Illo.
Es ist nur eine Stimme unter allen:
Du dürf'st das Regiment nicht niederlegen.
Sie werden an dich deputieren, hör ich.

Wallenstein.
Wenn ich mich gegen sie verpflichten soll,
So müssen sie's auch gegen mich.

Illo.
Versteht sich.

Wallenstein.
Parole müssen sie mir geben, eidlich, schriftlich,
Sich meinem Dienst zu weihen,unbedingt.

Illo.
Warum nicht?

Terzky.
Unbedingt? Des Kaisers Dienst,
Die Pflichten gegen Östreich werden sie
Sich immer vorbehalten.

Wallenstein. (den Kopf schüttelnd)
Unbedingt
Muß ich sie haben. Nichts von Vorbehalt!

Illo.
Ich habe einen Einfall—Gibt uns nicht
Graf Terzky ein Bankett heut abend?

Terzky. Ja,
Und alle Generale sind geladen.

Illo. (zum Wallenstein)
Sag! Willst du völlig freie Hand mir lassen?

Ich schaffe dir das Wort der Generale,
So wie du's wünschest.

Wallenstein.

Schaff mir ihre Handschrift.
Wie du dazu gelangen magst, ist deine Sache.

Illo.

Und wenn ich dir's nun bringe, schwarz auf weiß,
Daß alle Chefs, die hier zugegen sind,
Dir blind sich überliefern—Willst du dann
Ernst machen endlich, mit beherzter Tat
Das Glück versuchen?

Wallenstein.

Schaff' mir die Verschreibung!

Illo.

Bedenke, was du tust! Du kannst den Kaisers
Begehren nicht erfüllen—kannst das Heer
Nicht schwächen lassen—nicht die Regimenter
Zum Spanier stoßen lassen, willst du nicht
Die Macht auf ewig aus den Händen geben.
Bedenk das andre auch! Du kannst des Kaisers
Befehl und ernste Ordre nicht verhöhnen,
Nicht länger Ausflucht suchen, temporisieren,
Willst du nicht förmlich brechen mit dem Hof.
Entschließ dich! Willst du mit entschloßner Tat
Zuvor ihm kommen? Willst du, ferner zögernd,
Das Äußerste erwarten?

Wallenstein.

Das geziemt sich,
Eh' man das Äußerste beschließt!

Illo.

Oh! nimm der Stunde wahr, eh' sie entschlüpft.
So selten kommt der Augenblick im Leben,
Der wahrhaft wichtig ist und groß. Wo eine
Entscheidung soll geschehen, da muß vieles
Sich glücklich treffen und zusammenfinden—
Und einzeln nur, zerstreuet zeigen sich
Des Glückes Fäden, die Gelegenheiten,
Die, nur in einen Lebenspunkt zusammen
Gedrängt, den schweren Früchteknoten bilden.
Sieh! Wie entscheidend, wie verhängnisvoll

Sich's jetzt um dich zusammenzieht!—Die Häupter
Des Heers, die besten, trefflichsten, um dich,
Den königlichen Führer, her versammelt,
Nur deinen Wink erwarten sie—Oh! laß
Sie so nicht wieder auseinandergehen!
So einig führst du sie im ganzen Lauf
Des Krieges nicht zum zweitenmal zusammen.
Die hohe Flut ist's, die das schwere Schiff
Vom Strande hebt—Und jedem einzelnen
Wächst das Gemüt im großen Strom der Menge.
Jetzt hast du sie, jetzt noch! Bald sprengt der Krieg
Sie wieder auseinander, dahin, dorthin—
In eignen kleinen Sorgen und Interessen
Zerstreut sich der gemeine Geist. Wer heute,
Vom Strome fortgerissen, sich vergißt,
Wird nüchtern werden, sieht er sich allein,
Nur seine Ohnmacht fühlen und geschwind
Umlenken in die alte, breitgetretne
Fahrstraße der gemeinen Pflicht, nur wohl-
Behalten unter Dach zu kommen suchen.

Wallenstein.
Die Zeit ist noch nicht da.

Terzky.
So sagst du immer.
Wann aber wird es Zeit sein?

Wallenstein.
Wenn ich's sage.

Illo.
Oh! du wirst auf die Sternenstunde warten,
Bir dir die irdische entflieht! Glaub mir,
In deiner Brust sind deines Schicksals Sterne.
Vertrauen zu dir selbst, Entschlossenheit
Ist deine Venus! Der Maleficus,
Der einz'ge, der dir schadet, ist der Zweifel.

Wallenstein.
Du redst, wie du's verstehst. Wie oft und vielmals
Erklärt' ich dir's!—Dir stieg der Jupiter
Hinab bei der Geburt, der helle Gott;
Du kannst in die Geheimnisse nicht schauen.
Nur in der Erde magst du finster wühlen,
Blind wie der Unterirdische, der mit dem bleichen

Bleifarbnen Schein ins Leben dir geleuchtet.
Das Irdische, Gemeine magst du sehn,
Das Nächste mit dem Nächsten klug verknüpfen;
Darin vertrau ich dir und glaube dir.
Doch, was geheimnisvoll bedeutend webt
Und bildet in den Tiefen der Natur,—
Die Geisterleiter, die aus dieser Welt des Staubes
Bis in die Sternenwelt, mit tausend Sprossen,
Hinauf sich baut, an der die himmlischen
Gewalten wirkend auf und nieder wandeln,
—Die Kreise in den Kreisen, die sich eng
Und enger ziehn um die zentralische Sonne—
Die sieht das Aug' nur, das entsiegelte,
Der hellgebornen, heitern Joviskinder,

(Nachdem er einen Gang durch den Saal gemacht, bleibt er stehen
und fährt fort.)

Die himmlischen Gestirne machen nicht
Bloß Tag und Nacht, Frühling und Sommer—nicht
Dem Sämann bloß bezeichnen sie die Zeiten
Der Aussaat und der Ernte. Auch des Menschen Tun
Ist eine Aussaat von Verhängnissen,
Gestreuet in der Zukunft dunkles Land,
Den Schicksalsmächten hoffend übergeben.
Da tut es not, die Saatzeit zu erkunden,
Die rechte Sternenstunde auszulesen,
Des Himmels Häuser forschend zu durchspüren,
Ob nicht der Feind des Wachsens und Gedeihens
In seinen Ecken schadend sich verberge .
Drum laßt mir Zeit. Tut ihr indes das Eure.
Ich kann jetzt noch nicht sagen, was ich tun will.
Nachgeben aber werd ich nicht. Ich nicht!
Absetzen sollen sie mich auch nicht—Darauf
Verlaßt euch.

Kammerdiener. (kommt)
Die Herren Generale.

Wallenstein.
Laß sie kommen.

Terzky.
Willst du, daß alle Chefs zugegen seien?

Wallenstein.
Das braucht's nicht. Beide Piccolomini,
Maradas, Buttler, Forgatsch, Deodat,
Caraffa, Isolani mögen kommen.

(Terzky geht hinaus mit dem Kammerdiener.)

Wallenstein. (zu Illo)
Hast du den Questenberg bewachen lassen?
Sprach er nicht ein'ge in geheim?

Illo.

Ich hab ihn scharf bewacht. Er war mit niemand

Als dem Octavio.

Siebenter Auftritt

Vorige. Questenberg, beide Piccolomini, Buttler, Isolani, Maradas und noch
drei andere Generale treten herein. Auf den Wink des Generals nimmt
Questenberg ihm gerad gegenüber Platz, die andern folgen nach ihrem
Range. Es herrscht eine augenblickliche Stille.

Wallenstein.
Ich hab den Inhalt Ihrer Sendung zwar
Vernommen, Questenberg, und wohl erwogen,
Auch meinen Schluß gefaßt, den nichts mehr ändert.
Doch, er gebührt sich, daß die Kommandeurs
Aus Ihrem Mund des Kaisers Willen hören—
Gefall' es Ihnen denn, sich Ihres Auftrags
Vor diesen edeln Häuptern zu entledigen.

Questenberg.
Ich bin bereit, doch bitt ich zu bedenken,
Daß kaiserliche Herrschgewalt und Würde
Aus meinem Munde spricht, nicht eigne Kühnheit.

Wallenstein.
Den Eingang spart.

Questenberg.
Als Seine Majestät
Der Kaiser ihren mutigen Armeen
Ein ruhmgekröntes, kriegserfahrnes Haupt
Geschenkt in der Person des Herzogs Friedland,
Geschah's in froher Zuversicht, das Glück
Des Krieges schnell und günstig umzuwenden.
Auch war der Anfang ihren Wünschen hold,

Gereiniget ward Böheim von den Sachsen,
Der Schweden Siegeslauf gehemmt—es schöpften
Aufs neue leichten Atem diese Länder,
Als Herzog Friedland die zerstreuten Feindesheere
Herbei von allen Strömen Deutschlands zog,
Herbei auf einen Sammelplatz beschwor
Den Rheingraf, Bernhard, Banner, Oxenstirn
Und jenen nie besiegten König selbst,
Um endlich hier im Angesichte Nürnbergs
Das blutig große Kampfspiel zu entscheiden.

Wallenstein.
Zur Sache, wenn's beliebt.

Questenberg.
Ein neuer Geist
Verkündigte sogleich den neuen Feldherrn.
Nicht blinde Wut mehr rang mit blinder Wut,
In hellgeschiednem Kampfe sah man jetzt
Die Festigkeit der Kühnheit widerstehn
Und weise Kunst die Tapferkeit ermüden.
Vergebens lockt man ihn zur Schlacht, er gräbt
Sich tief und tiefer nur im Lager ein,
Als gält' es, hier ein ewig Haus zu gründen.
Verzweifelnd endlich will der König stürmen,
Zur Schlachtbank reißt er seine Völker hin,
Die ihm des Hungers und der Seuchen Wut
Im leichenvollen Lager langsam tötet.
Durch den Verhack des Lagers, hinter welchem
Der Tod aus tausend Röhren lauert, will
Der Niegehemmte stürmend Bahn sich brechen.
Da ward ein Angriff und ein Widerstand,
Wie ihn kein glücklich Auge noch gesehn.
Zerrissen endlich führt sein Volk der König
Vom Kampfplatz heim, und nicht ein Fußbreit Erde
Gewann es ihm, das grause Menschenopfer.

Wallenstein.
Ersparen Sie's, uns aus dem Zeitungsblatt
Zu melden, was wir schaudernd selbst erlebt.

Questenberg.
Anklagen ist mein Amt und meine Sendung,
Es ist mein Herz, was gern beim Lob verweilt.
In Nürnbergs Lager ließ der schwedische König

Den Ruhm—in Lützens Ebenen das Leben.
Doch wer erstaunte nicht, als Herzog Friedland
Nach diesem großen Tag wie ein Besiegter
Nach Böheim floh, vom Kriegesschauplatz schwand,
Indes der junge weimarische Held
Ins Frankenland unaufgehalten drang,
Bis an die Donau reißend Bahn sich machte
Und stand mit einem Mal vor Regenspurg,
Zum Schrecken aller gut kathol'schen Christen.
Da rief der Bayern wohlverdienter Fürst
Um schnelle Hilf' in seiner höchsten Not,—
Es schickt der Kaiser sieben Reitende
An Herzog Friedland ab mit dieser Bitte
Und fleht, wo er als Herr befehlen kann.
Umsonst! Es hört in diesem Augenblick
Der Herzog nur den alten Haß und Groll,
Gibt das gemeine Beste preis, die Rachgier
An einem alten Feinde zu vergnügen.
Und so fällt Regenspurg!

Wallenstein.
Von welcher Zeit ist denn die Rede, Max?
Ich hab gar kein Gedächtnis mehr.

Max.
Er meint,
Wie wir in Schlesien waren.

Wallenstein.
So! So! So!
Was aber hatten wir denn dort zu tun?

Max.
Die Schweden draus zu schlagen und die Sachsen.

Wallenstein.
Recht! Über der Beschreibung da vergeß ich
Den ganzen Krieg—

(Zu Questenberg.)

Nur weiter fortgefahren!

Questenberg.
Am Oderstrom vielleicht gewann man wieder,
Was an der Donau schimpflich ward verloren.
Erstaunenswerte Dinge hoffte man

Auf dieser Kriegesbühne zu erleben,
Wo Friedland in Person zu Felde zog,
Der Nebenbuhler Gustavs einen—Thurn
Und einen Arnheim vor sich fand. Und wirklich
Geriet man nahe g'nug hier aneinander,
Doch, um als Freund, als Gast sich zu bewirten.
Ganz Deutschland seufzte unter Kriegeslast,
Doch Friede war's im Wallensteinischen Lager.

Wallenstein.
Manch blutig Treffen wird um nichts gefochten,
Weil einen Sieg der junge Feldherr braucht.
Ein Vorteil des bewährten Feldherrn ist's,
Daß er nicht nötig hat, zu schlagen, um
Der Welt zu zeigen, er versteh' zu siegen.
Mir konnt' es wenig helfen, meines Glücks
Mich über einen Arnheim zu bedienen ;
Viel nützte Deutschland meine Mäßigung,
Wär' mir's geglückt, das Bündnis zwischen Sachsen
Und Schweden, das verderbliche, zu lösen.

Questenberg.
Es glückte aber nicht, und so begann
Aufs neu das blut'ge Kriegesspiel. Hier endlich
Rechtfertigte der Fürst den alten Ruhm.
Auf Steinaus Feldern streckt das schwedische Heer
Die Waffen, ohne Schwertstreich überwunden—
Und hier, mit andern, lieferte des Himmels
Gerechtigkeit den alten Aufruhrstifter,
Die fluchbeladne Fackel dieses Kriegs,
Matthias Thurn, des Rächers Händen aus.
—Doch in großmüt'ge Hand war er gefallen:
Statt Strafe fand er Lohn, und reich beschenkt
Entließ der Fürst den Erzfeind seines Kaisers.

Wallenstein. (lacht)
Ich weiß, ich weiß—Sie hatten schon in Wien
Die Fenster, die Balkons vorausgemietet,
Ihn auf dem Armensünderkarrn zu sehn—
Die Schlacht hätt' ich mit Schimpf verlieren mögen,
Doch das vergeben mir die Wiener nicht,
Daß ich um ein Spektakel sie betrog.

Questenberg.
Befreit war Schlesien, und alles rief

Den Herzog nun ins hartbedrängte Bayern.
Er setzt auch wirklich sich in Marsch—gemächlich
Durchzieht er Böheim auf dem längsten Wege;
Doch eh' er noch den Feind gesehen, wendet
Er schleunig um, bezieht sein Winterlager, drückt
Des Kaisers Länder mit des Kaisers Heer.

Wallenstein.

Das Heer war zum Erbarmen, jede Notdurft, jede
Bequemlichkeit gebrach—der Winter kam.
Was denkt die Majestät von ihren Truppen?
Sind wir nicht Menschen? Nicht der Kält' und Nässe,
Nicht jeder Notdurft sterblich unterworfen?
Fluchwürdig Schicksal des Soldaten! Wo
Er hinkommt, flieht man vor ihm—wo er weggeht,
Verwünscht man ihn! Er muß sich alles nehmen;
Man gibt ihm nichts, und jeglichem gezwungen
Zu nehmen, ist er jeglichem ein Greuel.
Hier stehen meine Generals. Caraffa!
Graf Deodati! Buttler! Sagt es ihm,
Wie lang der Sold den Truppen ausgeblieben?

Buttler.

Ein Jahr schon fehlt die Löhnung.

Wallenstein.

Und sein Sold
Muß dem Soldaten werden, darnach heißt er!

Questenberg.

Das klingt ganz anders, als der Fürst von Friedland
Vor acht, neun Jahren sich vernehmen ließ.

Wallenstein.

Ja, meine Schuld ist es, weiß wohl, ich selbst
Hab mir den Kaiser so verwöhnt. Da! Vor neun Jahren
Beim Dänenkriege, stellt' ich eine Macht ihm auf
Von vierzigtausend Köpfen oder fünfzig,
Die aus dem eignen Säckel keinen Deut
Ihm kostete—Durch Sachsen Kreise zog
Die Kriegesfurie, bis an die Schären
Des Belts den Schrecken seines Namens tragend.
Da war noch eine Zeit! Im ganzen Kaiserstaate
Kein Nam' geehrt, gefeiert wie der meine,
Und Albrecht Wallenstein, so hieß
Der dritte Edelstein in seiner Krone!

Doch auf dem Regenspurger Fürstentag,
Da brach es auf! Da lag es kund und offen,
Aus welchem Beutel ich gewirtschaft't hatte.
Und was war nun mein Dank dafür, daß ich,
Ein treuer Fürstenknecht, der Völker Fluch
Auf mich gebürdet—diesen Krieg, der nur
Ihn groß gemacht, die Fürsten zahlen lassen?
Was? Aufgeopfert wurd ich ihren Klagen,
—Abgesetzt wurd ich.

Questenberg.
　　Eure Gnaden weiß,
Wie sehr auf jenem unglücksvollen Reichstag
Die Freiheit ihm gemangelt.

Wallenstein.
　　Tod und Teufel!
Ich hatte, was ihm Freiheit schaffen konnte.
—Nein, Herr! Seitdem es mir so schlecht bekam,
Dem Thron zu dienen, auf des Reiches Kosten,
Hab ich vom Reich ganz anders denken lernen.
Vom Kaiser freilich hab ich diesen Stab,
Doch führ' ich jetzt ihn als des Reiches Feldherr,
Zur Wohlfahrt aller, zu des Ganzen Heil,
Und nicht mehr zur Vergrößerung des einen!
—Zur Sache doch. Was ist's, das man von mir begehrt?

Questenberg.
　　Fürs erste wollen Seine Majestät,
Daß die Armee ohn' Aufschub Böhmen räume.

Wallenstein.
　　In dieser Jahreszeit? Und wohin will man,
Daß wir uns wenden?

Questenberg.
　　Dahin, wo der Feind ist.
Denn Seine Majestät will Regenspurg
Vor Ostern noch vom Feind gesäubert sehn,
Daß länger nicht im Dome lutherisch
Gepredigt werde—ketzerischer Greul
Des Festes reine Feier nicht besudle.

Wallenstein.
　　Kann das geschehen, meine Generals?

Illo.
  Es ist nicht möglich.

Buttler.
  Es kann nicht geschehn.

Questenberg.
  Der Kaiser hat auch schon dem Oberst Suys
  Befehl geschickt, nach Bayern vorzurücken.

Wallenstein.
  Was tat der Suys?

Questenberg.
  Was er schuldig war.
  Er rückte vor.

Wallenstein.
  Er rückte vor! Und ich,
  Sein Chef, gab ihm Befehl, ausdrücklichen,
  Nicht von dem Platz zu weichen! Steht es so
  Um mein Kommando? Das ist der Gehorsam,
  Den man mir schuldig, ohne den kein Kriegsstand
  Zu denken ist? Sie, meine Generale,
  Seien Richter! Was verdient der Offizier,
  Der eidvergessen seine Ordre bricht?

Illo.
  Den Tod!

Wallenstein. (da die übrigen bedenklich schweigen, mit
  erhöhter Stimme).
  Graf Piccolomini, was hat er
  Verdient?

Max. (nach einer langen Pause)
  Nach des Gesetzes Wort—den Tod!

Isolani.
  Den Tod!

Buttler.
  Den Tod nach Kriegesrecht!

(Questenberg steht auf. Wallenstein folgt, es erheben sich alle.)

Wallenstein.
  Dazu verdammt ihn das Gesetz, nicht ich!

Und wenn ich ihn begnadige, geschieht's
Aus schuld'ger Achtung gegen meinen Kaiser.

Questenberg.
Wenn's so steht, hab ich hier nichts mehr zu sagen.

Wallenstein.
Nur auf Bedingung nahm ich dies Kommando;
Und gleich die erste war, daß mir zum Nachteil
Kein Menschenkind, auch selbst der Kaiser nicht,
Bei der Armee zu sagen haben sollte.
Wenn für den Ausgang ich mit meiner Ehre
Und meinem Kopf soll haften, muß ich Herr
Darüber sein. Was machte diesen Gustav
Unwiderstehlich, unbesiegt auf Erden?
Dies: daß er König war in seinem Heer!
Ein König aber, einer, der es ist,
Ward nie besiegt noch als durch seinesgleichen—
Jedoch zur Sach'. Das Beste soll noch kommen.

Questenberg.
Der Kardinal-Infant wird mit dem Frühjahr
Aus Mailand rücken und ein spanisch Heer
Durch Deutschland nach den Niederlanden führen.
Damit er sicher seinen Weg verfolge,
Will der Monarch, daß hier aus der Armee
Acht Regimenter ihn zu Pferd begleiten.

Wallenstein.
Ich merk, ich merk—Acht Regimenter—Wohl!
Wohl ausgesonnen, Pater Lamormain!
Wär' der Gedank' nicht so verwünscht gescheit,
Man wär' versucht, ihn herzlich dumm zu nennen.
Achttausend Pferde! Ja! Ja! es ist richtig,
Ich seh es kommen.

Questenberg.
Es ist nichts dahinter
zu sehn. Die Klugheit rät's, die Not gebeut's.

Wallenstein.
Wie, mein Herr Abgesandter? Ich soll's wohl
Nicht merken, daß man's müde ist, die Macht,
Des Schwertes Griff in meiner Hand zu sehn?
Daß man begierig diesen Vorwand hascht,
Den span'schen Namen braucht, mein Volk zu mindern,

Ins Reich zu führen eine neue Macht,
Die mir nicht untergeben sei. Mich so
Gerad beiseit' zu werfen, dazu bin ich
Euch noch zu mächtig. Mein Vertrag erheischt's,
Daß alle Kaiserheere mir gehorchen,
So weit die deutsche Sprach' geredet wird.
Von span'schen Truppen aber und Infanten,
Die durch das Reich als Gäste wandernd ziehn,
Steht im Vertrage nichts—Da kommt man denn
So in der Stille hinter ihm herum,
Macht mich erst schwächer, dann entbehrlich, bis
Man kürzeren Prozeß kann mit mir machen.
—Wozu die krummen Wege, Herr Minister?
Gerad heraus! Den Kaiser drückt das Paktum
Mit mir. Er möchte gerne, daß ich ginge.
Ich will ihm den Gefallen tun, das war
Beschloßne Sache, Herr, noch eh' Sie kamen.
(Es entsteht eine Bewegung unter den Generalen, welche immer zunimmt.)
Es tut mir leid um meine Obersten,
Noch seh ich nicht, wie sie zu ihren vorgeschoßnen Geldern,
Zum wohlverdienten Lohne kommen werden.
Neu Regiment bringt neue Menschen auf,
Und früheres Verdienst veraltet schnell.
Es dienen viel Ausländische im Heer,
Und war der Mann nur sonsten brav und tüchtig,
Ich pflegte eben nicht nach seinem Stammbaum
Noch seinem Katechismus viel zu fragen.
Das wird auch anders werden künftighin!
Nun—mich geht's nichts mehr an.
(Er setzt sich.)

Max.
Da sei Gott für,
Daß es bis dahin kommen soll!—Die ganze
Armee wird furchtbar gärend sich erheben—
Der Kaiser wird mißbraucht, es kann nicht sein.

Isolani.
Es kann nicht sein, denn alles ging' zu Trümmern.

Wallenstein.
Das wird es, treuer Isolan. Zu Trümmern
wird alles gehn, was wir bedächtig bauten.
Deswegen aber find't sich doch ein Feldherr,

Und auch ein Kriegsheer läuft noch wohl dem Kaiser
Zusammen, wenn die Trommel wird geschlagen.

Max. (geschäftig, leidenschaftlich von einem zum andern
    gehend und sie besänftigend)
    Hör mich, mein Feldherr! Hört mich, Obersten!
    Laß dich beschwören, Fürst! Beschließe nichts,
    Bis wir zusammen Rat gehalten, dir
    Vorstellungen getan—Kommt, meine Freunde!
    Ich hoff, es ist noch alles herzustellen.

Terzky.
    Kommt, kommt! im Vorsaal treffen wir die andern.

(Gehen.)

Buttler. (zu Questenberg).
    Wenn guter Rat Gehör bei Ihnen findet,
    Vermeiden Sie's, in diesen ersten Stunden
    Sich öffentlich zu zeigen, schwerlich möchte Sie
    Der goldne Schlüssel vor Mißhandlung schützen.

(Laute Bewegungen draußen.)

Wallenstein.
    Der Rat ist gut—Octavio, du wirst
    Für unsers Gastes Sicherheit mir haften.
    Gehaben Sie sich wohl, von Questenberg!
(Als dieser reden will.)
    Nichts, nichts von dem verhaßten Gegenstand!
    Sie taten Ihre Schuldigkeit. Ich weiß
    Den Mann von seinem Amt zu unterscheiden.
(Indem Questenberg mit dem Octavio abgehen will, dringen Götz,
    Tiefenbach, Colalto herein, denen noch mehrere Kommandeurs folgen.)

Götz.
    Wo ist er, der uns unsern General—

Tiefenbach. (zugleich)
    Was müssen wir erfahren, du willst uns—

Colalto. (zugleich)
    Wir wollen mit dir leben, mit dir sterben.

Wallenstein. (mit Ansehen, indem er auf Illo zeigt).
    Hier der Feldmarschall weiß um meinen Willen.

(Geht ab.)

Dritter Aufzug

Ein Zimmer

Erster Auftritt

Illo und Terzky.

Terzky.
  Nun sagt mir! Wie gedenkt Ihr's diesen Abend
  Beim Gastmahl mit den Obristen zu machen?

Illo.
  Gebt acht! Wir setzen eine Formel auf,
  Worin wir uns dem Herzog insgesamt
  Verschreiben, sein zu sein mit Leib und Leben,
  Nicht unser letztes Blut für ihn zu sparen;
  Jedoch der Eidespflichten unbeschadet,
  Die wir dem Kaiser schuldig sind. Merkt wohl!
  Die nehmen wir in einer eignen Klausel
  Ausdrücklich aus und retten das Gewissen.
  Nun hört! Die also abgefaßte Schrift
  Wird ihnen vorgelegt vor Tische, keiner
  Wird daran Anstoß nehmen—Hört nun weiter!
  Nach Tafel, wenn der trübe Geist des Weins
  Das Herz nun öffnet und die Augen schließt,
  Läßt man ein unterschobnes Blatt, worin
  Die Klausel fehlt, zur Unterschrift herumgehn.

Terzky.
  Wie? Denkt Ihr, daß sie sich durch einen Eid
  Gebunden glauben werden, den wir ihnen
  Durch Gaukelkunst betrüglich abgelistet?

Illo.
  Gefangen haben wir sie immer—Laßt sie
  Dann über Arglist schrein, so viel sie mögen.
  Am Hofe glaubt man ihrer Unterschrift
  Doch mehr als ihrem heiligsten Beteuern.
  Verräter sind sie einmal, müssen's sein,
  So machen sie aus der Not wohl eine Tugend.

Terzky.
  Nun, mir ist alles lieb, geschieht nur was,
  Und rücken wir nur einmal von der Stelle.

Illo.

    Und dann—liegt auch so viel nicht dran, wie weit
Wir damit langen bei den Generalen,
Genug, wenn wir's dem Herrn nur überreden,
Sie seien sein—denn handelt er nur erst
Mit seinem Ernst, als ob er sie schon hätte,
So hat er sie und reißt sie mit sich fort.

Terzky.

    Ich kann mich manchmal gar nicht in ihn finden.
Er leiht dem Feind sein Ohr, läßt mich dem Thurn,
Dem Arnheim schreiben, gegen den Sesina
Geht er mit kühnen Worten frei heraus,
Spricht stundenlang mit uns von seinen Planen,
Und mein ich nun, ich hab' ihn—weg auf einmal
Entschlüpft er, und es scheint, als wär' es ihm
Um nichts zu tun, als nur am Platz zu bleiben.

Illo.

    Er seine alten Plane aufgegeben!
Ich sag Euch, daß er wachend, schlafend mit
Nichts anderm umgeht, daß er Tag für Tag
Deswegen die Planeten fragt—

Terzky.

    Ja, wißt Ihr,
Daß er sich in der Nacht, die jetzo kommt,
Im astrologischen Turme mit dem Doktor
Einschließen wird und mit ihm observieren?
Denn es soll eine wicht'ge Nacht sein, hör' ich,
Und etwas Großes, Langerwartetes
Am Himmel vorgehn.

Illo.

    Wenn's hier unten nur geschieht.
Die Generale sind voll Eifer jetzt
Und werden sich zu allem bringen lassen,
Nur um den Chef nicht zu verlieren. Seht!
So haben wir den Anlaß vor der Hand
Zu einem engen Bündnis widern Hof.
Unschuldig ist der Name zwar, es heißt,
Man will ihn beim Kommando bloß erhalten.
Doch wißt Ihr, in der Hitze des Verfolgens
Verliert man bald den Anfang aus den Augen.
Ich denk es schon zu karten, daß der Fürst

Sie willig finden—willig glauben soll
Zu jedem Wagstück. Die Gelegenheit
Soll ihn verführen. Ist der große Schritt
Nur erst getan, den sie zu Wien ihm nicht verzeihn,
So wird der Notzwang der Begebenheiten
Ihn weiter schon und weiter führen. Nur
Die Wahl ist's, was ihm schwer wird; drängt die Not,
Dann kommt ihm seine Stärke, seine Klarheit.

Terzky.
Das ist es auch, worauf der Feind nur wartet,
Das Heer uns zuzuführen.

Illo.
Kommt! Wir müssen
Das Werk in diesen nächsten Tagen weiter fördern,
Als es in Jahren nicht gedieh—Und steht's
Nur erst hier unten glücklich, gebet acht,
So werden auch die rechten Sterne scheinen!
Kommt zu den Obersten. Das Eisen muß
Geschmiedet werden, weil es glüht.

Terzky.
Geht Ihr hin, Illo.
Ich muß die Gräfin Terzky hier erwarten.
Wißt, daß wir auch nicht müßig sind—wenn ein
Strick reißt, ist schon ein andrer in Bereitschaft.

Illo.
Ja, Eure Hausfrau lächelte so listig.
Was habt Ihr?

Terzky.
Ein Geheimnis! Still! Sie kommt!

(Illo geht ab.)

Zweiter Auftritt

Graf und Gräfin Terzky, die aus einem Kabinett heraustritt,
hernach ein Bedienter, darauf Illo.

Terzky.
Kommt sie? Ich halt ihn länger nicht zurück.

Gräfin.
Gleich wird sie da sein. Schick ihn nur.

Terzky.
Zwar weiß ich nicht, ob wir uns Dank damit
Beim Herrn verdienen werden. Über diesen Punkt,
Du weißt's, hat er sich nie herausgelassen.
Du hast mich überredet und muß wissen,
Wie weit du gehen kannst.

Gräfin.
Ich nehm's auf mich.
(Für sich.)
Es braucht hier keiner Vollmacht—Ohne Worte, Schwager,
Verstehn wir uns—Errat ich etwa nicht,
Warum die Tochter hergeforder worden,
Warum just er gewählt, sie abzuholen?
Denn dieses vorgespiegelte Verlöbnis
Mit einem Bräutigam, den niemand kennt,
Mag andre blenden! Ich durchschaue dich—
Doch dir geziemt es nicht, in solchem Spiel
Die Hand zu haben. Nicht doch! Meiner Feinheit
Bleibt alles überlassen. Wohl!—Du sollst
Dich in der Schwester nicht betrogen haben.

Bedienter. (kommt)
Die Generale!

(Ab.)

Terzky. (zur Gräfin)
Sorg nur, daß du ihm
Den Kopf recht warm machst, was zu denken gibst—
Wenn er zu Tisch kommt, daß er sich nicht lange
Bedenke bei der Unterschrift.

Gräfin.
Sorg du für deine Gäste! Geh und schick ihn.

Terzky.
Denn alles liegt dran, daß er unterschreibt.

Gräfin.
Zu deinen Gästen. Geh!

Illo. (kommt zurück)
Wo bleibt Ihr, Terzky?
Das Haus ist voll, und alles wartet Euer.

Terzky.
Gleich! Gleich!

(zur Gräfin.) Und daß er nicht zu lang verweilt—
Es möchte bei dem Alten sonst Verdacht—

Gräfin.
Unnöt'ge Sorgfalt!

(Terzky und Illo gehen.)

Dritter Auftritt

Gräfin Terzky. Max Piccolomini.

Max. (blickt schüchtern herein).
Base Terzky! Darf ich?

(Tritt bis in die Mitte des Zimmers, wo er sich unruhig umsieht.)

Sie ist nicht da! Wo ist sie?

Gräfin.
Sehen sie nur recht
In jene Ecke, ob sie hinterm Schirm
Vielleicht versteckt—

Max.
Da liegen ihre Handschuh!

(Will hastig darnach greifen, Gräfin nimmt sie zu sich.)

Ungüt'ge Tante! Sie verleugnen mir—
Sie haben Ihre Lust dran, mich zu quälen.

Gräfin.
Der Dank für meine Müh!

Max.
Oh! fühlten Sie,
Wie mir zumute ist!—Seitdem wir hier sind—
So an mich halten, Wort' und Blicke wägen!
Das bin ich nicht gewohnt!

Gräfin.
Sie werden sich
An manches noch gewöhnen , schöner Freund!
Auf dieser Probe Ihrer Folgsamkeit
Muß ich durchaus bestehn, nur unter der Bedingung
Kann ich mich überall damit befassen.

Max.
Wo aber ist sie? Warum kommt sie nicht?

Gräfin.
Sie müssen's ganz in meine Hände legen.
Wer kann es besser auch mit Ihnen meinen !
Kein Mensch darf wissen, auch Ihr Vater nicht,
Der gar nicht!

Max.
Damit hat's nicht Not. Es ist
Hier kein Gesicht, an das ich's richten möchte,
Was die entzückte Seele mir bewegt.
—O Tante Terzky! Ist denn alles hier
Verändert, oder bin nur ich's? Ich sehe mich
Wie unter fremden Menschen. Keine Spur
Von meinen vor'gen Wünschen mehr und Freuden.
Wo ist das alles hin? Ich war doch sonst
In eben dieser Welt nicht unzufrieden.
Wie schal ist alles nun und wie gemein!
Die Kameraden sind mir unerträglich,
Der Vater selbst, ich weiß ihm nichts zu sagen,
Der Dienst, die Waffen sind mir eitler Tand.
So müßt' es einem sel'gen Geiste sein,
Der aus den Wohnungen der ew'gen Freude
Zu seinen Kinderspielen und Geschäften,
Zu seinen Neigungen und Brüderschaften,
Zur ganzen armen Menschheit wiederkehrte.

Gräfin.
Doch muß ich bitten, ein'ge Blicke noch
Auf diese ganz gemeine Welt zu werfen,
Wo eben jetzt viel Wichtiges geschieht.

Max.
Es geht hier etwas vor um micht, ich seh's
An ungewöhnlich treibender Bewegung;
Wenn's fertig ist, kommt's wohl auch bis zu mir.
Wo denken Sie, daß ich gewesen, Tante?
Doch keinen Spott! Mich ängstigte des Lagers
Gewühl, die Flut zudringlicher Bekannten,
Der fade Scherz, das nichtige Gespräch,
Es wurde mir zu eng, ich mußte fort,
Stillschweigen suchen diesem vollen Herzen
Und eine reine Stelle für mein Glück.
Kein Lächeln, Gräfin! In der Kirche war ich.
Es ist ein Kloster hier, zu Himmelspforte,
Da ging ich hin, da fand ich mich allein.

Ob dem Altar hing eine Mutter Gottes,
Ein schlecht Gemälde war's, doch war's der Freund,
Den ich in diesem Augenblicke suchte.
Wie oft hab ich die Herrliche gesehn
In ihrem Glanz, die Inbrunst der Verehrer—
Es hat mich nicht gerührt, und jetzt auf einmal
Ward mir die Andacht klar, so wie die Liebe.

Gräfin.
Genießen Sie Ihr Glück. Vergessen Sie
Die Welt um sich herum. Es soll die Freundschaft
Indessen wachsam für Sie sorgen, handeln.
Nur sei'n Sie dann auch lenksam, wenn man Ihnen
Den Weg zu Ihrem Glücke zeigen wird.

Max.
Wo aber bleibt sie denn!—Oh! goldne Zeit
Der Reise, wo uns jede neue Sonne
Vereinigte, die späte Nacht nur trennte!
Da rann kein Sand, und keine Glocke schlug.
Es schien die Zeit dem Überselign
In ihrem ew'gen Laufe stillzustehen.
Oh! der ist aus dem Himmel schon gefallen,
Der an der Stunden Wechsel denken muß!
Die Uhr schlägt keinem Glücklichen.

Gräfin.
Wie lang ist es, daß Sie Ihr Herz entdeckten?

Max.
Heut früh wagt' ich das erste Wort.

Gräfin.
Wie? Heute erst in diesen zwanzig Tagen?

Max.
Auf jenem Jagdschloß war es, zwischen hier
Und Nepomuk, wo Sie uns eingeholt,
Der letzten Station des ganzen Wegs.
In einem Erker standen wir, den Blick
Stumm in das öde Feld hinaus gerichtet,
Und vor uns ritten die Dragoner auf,
Die uns der Herzog zum Geleit gesendet.
Schwer lag auf mir des Scheidens Bangigkeit,
Und zitternd endlich wagt' ich dieses Wort:
Dies alles mahnt mich, Fräulein, daß ich heut

Von meinem Glücke scheiden muß. Sie werden
In wenig Stunden einen Vater finden,
Von neuen Freunden sich umgeben sehn,
Ich werde nun ein Fremder für Sie sein,
Verloren in der Menge—"Sprechen Sie
Mit meiner Base Terzky!" fiel sie schnell
Mir ein, die Stimme zitterte, ich sah
Ein glühend Rot die schönen Wangen färben,
Und von der Erde langsam sich erhebend
Trifft mich ihr Auge—ich beherrsche mich
Nich länger—

(Die Prinzessin erscheint an der Türe und bleibt stehen, von der
Gräfin, aber nicht von Piccolomini bemerkt.)

—fasse kühn sie in die Arme,
Mein Mund berührt den ihrigen—da rauscht' es
Im nahen Saal und trennte uns—Sie waren's.
Was nun geschehen, wissen Sie.

Gräfin. (nach einer Pause mit einem verstohlnen Blick auf Thekla)
Und sind Sie so bescheiden oder haben
So wenig Neugier, daß Sie mich nicht auch
Um mein Geheimnis fragen?

Max.
Ihr Geheimnis?

Gräfin.
Nun ja! Wie ich unmittelbar nach Ihnen
Ins Zimmer trat, wie ich die Nichte fand,
Was sie in diesem ersten Augenblick
Der überraschten Herzens—

Max. (lebhaft)
Nun?

Vierter Auftritt

Vorige. Thekla, welche schnell hervortritt.

Thekla.
Spart Euch die Mühe, Tante!
Das hört er besser von mir selbst.

Max. (tritt zurück)
Mein Fräulein!—
Was ließen Sie mich sagen, Tante Terzky!

Thekla. (zur Gräfin)
  Ist er schon lange hier?

Gräfin.
  Jawohl, und seine Zeit ist bald vorüber.
  Wo bleibt Ihr auch so lang?

Thekla.
  Die Mutter weinte wieder so. Ich seh sie leiden
  —Und kann's nicht ändern, daß ich glücklich bin.

Max. (in ihren Anblick verloren)
  Jetzt hab ich wieder Mut , Sie anzusehn.
  Heut konnt' ich's nicht. Der Glanz der Edelsteine,
  Der Sie umgab, verbarg mir die Geliebte.

Thekla.
  So sah mich nur Ihr Auge, nicht Ihr Herz.

Max.
  Oh! diesen Morgen, als ich Sie im Kreise
  Der Ihrigen, in Vaters Armen fand,
  Mich einen Fremdling sah in diesem Kreise—
  Wie drängte mich's in diesem Augenblick,
  Ihm um den Hals zu fallen, Vater ihn
  Zu nennen! Doch sein strenges Auge hieß
  Die heftig wallende Empfindung schweigen,
  Und jene Diamanten schreckten mich,
  Die wie ein Kranz von Sternen Sie umgaben.
  Warum auch mußt' er beim Empfange gleich
  Den Bann um Sie verbreiten, gleich zum Opfer
  Den Engel schmücken, auf das heitre Herz
  Die traur'ge Bürde seines Standes werfen!
  Wohl darf die Liebe werben um die Liebe,
  Doch solchem Glanz darf nur ein König nahn.

Thekla.
  Oh! still von dieser Mummerei. Sie sehn,
  Wie schnell die Bürde abgeworfen ward.
  (Zur Gräfin.)
  Er ist nicht heiter. Warum ist er's nicht?
  Ihr, Tante, habt ihn mir so schwer gemacht!
  War er doch ein ganz andrer auf der Reise!
  So ruhig hell! So froh beredt! Ich wünschte,
  Sie immer so zu sehn und niemals anders.

Max.

Sie fanden sich, in Ihres Vaters Armen,
In einer neuen Welt, die Ihnen huldigt,
Wär's auch durch Neuheit nur, Ihr Auge reizt.

Thekla.

Ja! Vieles reizt mich hier, ich will's nicht leugnen,
Mich reizt die bunte, kriegerische Bühne,
Die vielfach mir ein liebes Bild erneuert,
Mir an das Leben, an die Wahrheit knüpft,
Was mir ein schöner Traum nur hat geschienen.

Max.

Mir machte sie mein wirklich Glück zum Traum.
Auf einer Insel in des Äthers Höhn
Hab' ich gelebt in diesen letzten Tagen;
Sie hat sich auf die Erd' herabgelassen,
Und diese Brücke, die zum alten Leben
Zurück mich bringt, trennt mich von meinem Himmel.

Thekla.

Das Spiel des Lebens sieht sich heiter an,
Wenn man den sichern Schatz im Herzen trägt,
Und froher kehr ich, wenn ich es gemustert,
Zu meinem schönern Eigentum zurück—
(Abbrechend, und in einem scherzhaften Ton.)
Was hab ich Neues nicht und Unerhörtes
In dieser kurzen Gegenwart gesehn!
Und doch muß alles dies dem Wunder weichen,
Das dieses Schloß geheimnisvoll verwahrt.

Gräfin. (nachsinnend)

Was wäre das? Ich bin doch auch bekannt
In allen dunklen Ecken dieses Hauses.

Thekla. (lächelnd)

Von Geistern wird der Weg dazu beschützt,
Zwei Greife halten Wache an der Pforte.

Gräfin. (lacht)

Ach so! der astrologische Turm! Wie hat sich
Dies Heiligtum, das sonst so streng verwahrt wird,
Gleich in den ersten Stunden Euch geöffnet?

Thekla.

Ein kleiner, alter Mann mit weißen Haaren

Und freundlichem Gesicht, der seine Gunst
Mir gleich geschenkt, schloß mir die Pforten auf.

Max.

Das ist des Herzogs Astrolog, der Seni.

Thekla.

Er fragte mich nach vielen Dingen, wann ich
Geboren sei, in welchem Tag und Monat,
Ob eine Tages—oder Nachtgeburt—

Gräfin.

Weil er das Horoskop Euch stellen wollte.

Thekla.

Auch meine Hand besah er, schüttelte
Das Haupt bedenklich, und es schienen ihm
Die Linien nicht eben zu gefallen.

Gräfin.

Wie fandet Ihr es denn in diesem Saal?
Ich hab mich stets nur flüchtig umgesehn.

Thekla.

Es ward mir wunderbar zumut, als ich
Aus vollem Tageslichte schnell hineintrat,
Denn eine düstre Nacht umgab mich plötzlich,
Von seltsamer Beleuchtung schwach erhellt.
In einem Halbkreis standen um mich her
Sechs oder sieben große Königsbilder,
Den Zepter in der Hand, und auf dem Haupt
Trug jedes einen Stern, und alles Licht
Im Turm schien von den Sternen nur zu kommen.
Das wären die Planeten, sagte mir
Mein Führer, sie regierten das Geschick,
Drum seien sie als Könige gebildet.
Der äußerste, ein grämlich finstrer Greis
Mit dem trübgelben Stern, sei der Saturnus;
Der mit dem roten Schein, grad von ihm über,
In kriegerischer Rüstung, sei der Mars,
Und beide bringen wenig Glück den Menschen.
Doch eine schöne Frau stand ihm zur Seite,
Sanft schimmerte der Stern auf ihrem Haupt,
Das sei die Venus, das Gestirn der Freude.
Zur linken Hand erschien Merkur geflügelt,
Ganz in der Mitte glänzte silberhell

Ein heitrer Mann, mit einer Königsstirn,
Das sei der Jupiter, des Vaters Stern,
Und Mond und Sonne standen ihm zur Seite.

Max.

Oh! nimmer will ich seinen Glauben schelten
An der Gestirne, an der Geister Macht.
Nicht bloß der Stolz des Menschen füllt den Raum
Mit Geistern, mit geheimnisvollen Kräften,
Auch für ein liebend Herz ist die gemeine
Natur zu eng, und tiefere Bedeutung
Liegt in dem Märchen meiner Kinderjahre
Als in der Wahrheit, die das Leben lehrt.
Die heitre Welt der Wunder ist's allein,
Die dem entzückten Herzen Antwort gibt,
Die ihre ew'gen Räume mir eröffnet,
Mir tausend Zweige reich entgegenstreckt,
Worauf der trunkne Geist sich selig wiegt.
Die Fabel ist der Liebe Heimatwelt,
Gern wohnt sie unter Feen, Talismanen,
Glaubt gern an Götter, weil sie göttlich ist.
Die alten Fabelwesen sind nicht mehr,
Das reizende Geschlecht ist ausgewandert;
Doch eine Sprache braucht das Herz, es bringt
Der alte Trieb die alten Namen wieder,
Und an dem Sternenhimmel gehn sie jetzt,
Die sonst im Leben freundlich mitgewandelt.
Dort winken sie dem Liebenden herab,
Und jedes Große bringt uns Jupiter
Noch diesen Tag, und Venus jedes Schöne.

Thekla.

Wenn das die Sternenkunst ist, will ich froh
Zu diesem heitern Glauben mich bekennen.
Es ist ein holder, freundlicher Gedanke,
Daß über uns, in unermeßnen Höhn,
Der Liebe Kranz aus funkelnden Gestirnen,
Da wir erst wurden, schon geflochten ward.

Gräfin.

Nicht Rosen bloß, auch Dornen hat der Himmel,
Wohl dir! wenn sie den Kranz dir nicht verletzen.
Was Venus band, die Bringerin des Glücks,
Kann Mars, der Stern des Unglücks, schnell zerreißen.

Max.

Bald wird sein düstres Reich zu Ende sein!
Gesegnet sei des Fürsten ernster Eifer,
Er wird den Ölzweig in den Lorbeer flechten
Und der erfreuten Welt den Frieden schenken.
Dann hat sein großes Herz nichts mehr zu wünschen,
Er hat genug für seinen Ruhm getan,
Kann jetzt sich selber leben und den Seinen.
Auf seine Güter wird er sich zurückziehn,
Er hat zu Gitschin einen schönen Sitz,
Auch Reichenberg, Schloß Friedland liegen heiter—
Bis an den Fuß der Riesenberge hin
Streckt sich das Jagdgehege seiner Wälder.
Dem großen Trieb, dem prächtig schaffenden,
Kann er dann ungebunden frei willfahren.
Da kann er fürstlich jede Kunst ermuntern
Und alles würdig Herrliche beschützen—
Kann bauen, pflanzen, nach den Sternen sehn—
Ja, wenn die kühne Kraft nicht ruhen kann,
So mag er kämpfen mit dem Element,
Den Fluß ableiten und den Felsen sprengen
Und dem Gewerb die leichte Straße bahnen.
Aus unsern Kriegsgeschichten werden dann
Erzählungen in langen Winternächten—

Gräfin.

Ich will denn doch geraten haben, Vetter,
Den Degen nicht zu frühe wegzulegen.
Denn eine Braut wie die ist es wohl wert,
Daß mit dem Schwert um sie geworben werde.

Max.

Oh! wäre sie mit Waffen zu gewinnen!

Gräfin.

Was war das? Hört ihr nichts?—Mir war's, als hört' ich
Im Tafelzimmer heft'gen Streit und Lärmen.

(Sie geht hinaus.)

Fünfter Auftritt

Thekla und Max Piccolomini.

Thekla. (sobald die Gräfin sich entfernt hat, schnell und
    heimlich zu Piccolomini)
Trau ihnen nicht. Sie meinen's falsch.

Max.
    Sie könnten—

Thekla.
    Trau niemand hier als mir. Ich sah es gleich,
    Sie haben einen Zweck.

Max.
    Zweck! Aber welchen?
    Was hätten sie davon, uns Hoffnungen—

Thekla.
    Das weiß ich nicht. Doch glaub mir, es ist nicht
    Ihr Ernst, uns zu beglücken, zu verbinden.

Max.
    Wozu auch diese Terzkys? Haben wir
    Nicht deine Mutter? Ja, die Gütige
    Verdient's, daß wir uns kindlich ihr vertrauen.

Thekla.
    Sie liebt dich, schätzt dich hoch vor allen andern,
    Doch nimmer hätte sie den Mut, ein solch
    Geheimnis vor dem Vater zu bewahren.
    Um ihrer Ruhe willen muß es ihr
    Verschwiegen bleiben.

Max.
    Warum überall
    Auch das Geheimnis? Weißt du, was ich tun will?
    Ich werfe mich zu deines Vaters Füßen,
    Er soll mein Glück entscheiden, er ist wahrhaft,
    Ist unverstellt und haßt die krummen Wege,
    Er ist so gut, so edel—

Thekla.
    Das bist du!

Max.
    Du kennst ihn erst seit heut. Ich aber lebe
    Schon zehen Jahre unter seinen Augen.
    Ist's denn das erste Mal, daß er das Seltne,
    Das Ungehoffte tut? Es sieht ihm gleich,
    Zu überraschen wie ein Gott, er muß
    Entzücken stets und in Erstaunen setzen.
    Wer weiß, ob er in diesem Augenblick
    Nicht mein Geständnis, deines bloß erwartet,

Uns zu vereinigen—Du schweigst? Du siehst
Mich zweifelnd an? Was hast du gegen deinen Vater?

Thekla.
Ich? Nichts—Nur zu beschäftigt find ich ihn,
Als daß er Zeit und Muße könnte haben,
An unser Glück zu denken.
(Ihn zärtlich bei der Hand fassend.)
Folge mir!
Laß nicht zu viel uns an die Menschen glauben.
Wir wollen diesen Terzkys dankbar sein
Für jede Gunst, doch ihnen auch nicht mehr
Vertrauen, als sie würdig sind, und uns
Im übrigen—auf unser Herz verlassen.

Max.
Oh! werden wir auch jemals glücklich werden!

Thekla.
Sind wir's denn nicht? Bist du nicht mein? Bin ich
Nicht dein?—In meiner Seele lebt
Ein hoher Mut, die Liebe gibt ihn mir—
Ich sollte minder offen sein, mein Herz
Dir mehr verbergen, also will's die Sitte.
Wo aber wäre Wahrheit hier für dich,
Wenn du sie nicht auf meinem Munde findest?
Wir haben uns gefunden, halten uns
Umschlungen, fest und ewig. Glaube mir!
Das ist um vieles mehr, als sie gewollt.
Drum laß es uns wie einen heil'gen Raub
In unsers Herzens Innerstem bewahren.
Aus Himmels Höhen fiel es uns herab,
Und nur dem Himmel wollen wir's verdanken.
Es kann ein Wunder für uns tun.

Sechster Auftritt

Gräfin Terzky zu den Vorigen.

Gräfin. (pressiert)
Mein Mann schickt her. Es sei die höchste Zeit.
Er soll zur Tafel—
(Da jene nicht darauf achten, tritt sie zwischen sie.)
Trennt euch!

Thekla.
　Oh! nicht doch!
　Es ist ja kaum ein Augenblick.

Gräfin.
　Die Zeit vergeht Euch schnell, Prinzessin Nichte.

Max.
　Es eilt nicht, Base.

Gräfin.
　Fort! Fort! Man vermißt Sie.
　Der Vater hat sich zweimal schon erkundigt.

Thekla.
　Ei nun! der Vater!

Gräfin.
　Das versteht Ihr, Nichte.

Thekla.
　Was soll er überall bei der Gesellschaft?
　Es ist sein Umgang nicht, es mögen würd'ge,
　Verdiente Männer sein, er aber ist
　Für sie zu jung, taugt nicht in die Gesellschaft.

Gräfin.
　Ihr möchtet ihn wohl lieber ganz behalten?

Thekla. (lebhaft).
　Ihr habt's getroffen. Das ist meine Meinung.
　Ja, laßt ihn ganz hier, laßt den Herren sagen—

Gräfin.
　Habt Ihr den Kopf verloren, Nichte?—Graf!
　Sie wissen die Bedingungen.

Max.
　Ich muß gehorchen, Fräulein. Leben Sie wohl.

(Da Thekla sich schnell von ihm wendet.)

Was sagen Sie?

Thekla. (ohne ihn anzusehen)
　Nichts. Gehen Sie.

Max.
　Kann ich's,
　Wenn Sie mir zürnen—

(Er nähert sich ihr, ihre Augen begegnen sich, sie steht einen
Augenblick schweigend, dann wirft sie sich ihm an die Brust, er
drückt sie fest an sich.)

Gräfin.
Weg! Wenn jemand käme!
Ich höre Lärmen—Fremde Stimmen nahen.

(Max reißt sich aus ihren Armen und geht, die Gräfin begleitet ihn. Thekla
folgt ihm anfangs mit den Augen, geht unruhig durch das Zimmer und
bleibt dann in Gedanken versenkt stehen. Eine Gitarre liegt auf dem Tisch,
sie ergreift sie, und nachdem sie eine Weile schwermütig präludiert hat, fällt
sie in den Gesang.)

Siebenter Auftritt

Thekla. (spielt und singt)
Der Eichwald brauset, die Wolken ziehn,
Das Mägdlein wandelt an Ufers Grün,
Es bricht sich die Welt mit Macht, mit Macht,
Und sie singt hinaus in die finstre Nacht.
Das Auge von Weinen getrübet.
Das Herz ist gestorben, die Welt ist leer,
Und weiter gibt sie dem Wunsche nichts mehr.
Du Heilige, rufe dein Kind zurück,
Ich habe genossen das irdische Glück,
Ich habe gelebt und geliebet.

Achter Auftritt

Gräfin kommt zurück. Thekla.

Gräfin.
Was war das, Fräulein Nichte? Fy! Ihr werft Euch
Ihm an den Kopf. Ihr solltet Euch doch, dächt' ich,
Mit Eurer Person ein wenig teurer machen.

Thekla. (indem sie aufsteht)
Was meint Ihr, Tante?

Gräfin.
Ihr sollt nicht vergessen,
Wer Ihr seid, und wer er ist. Ja, das ist Euch
Noch gar nicht eingefallen, glaub ich.

Thekla.
Was denn?

Gräfin.

Daß Ihr des Fürsten Friedland Tochter seid.

Thekla.

Nun? und was mehr?

Gräfin.

Was? Eine schöne Frage!

Thekla.

Was wir geworden sind, ist er geboren.
Er ist von alt lombardischem Geschlecht,
Ist einer Fürstin Sohn!

Gräfin.

Sprecht Ihr im Traum?
Fürwahr! Man wird ihn höflich noch drum bitten,
Die reichste Erbin in Europa zu beglücken
Mit seiner Hand.

Thekla.

Das wird nicht nötig sein.

Gräfin.

Ja, man wird wohl tun, sich nicht auszusetzen.

Thekla.

Sein Vater liebt ihn, Graf Octavio
Wird nichts dagegen haben—

Gräfin.

Sein Vater! Seiner! Und der Eure, Nichte?

Thekla.

Nun ja! Ich denk, Ihr fürchtet seinen Vater,
Weil Ihr's vor dem, vor seinem Vater, mein ich,
So sehr verheimlicht.

Gräfin. (sieht sie forschend an)

Nichte, Ihr seid falsch.

Thekla.

Seid Ihr empfindlich, Tante? Oh! seid gut!

Gräfin.

Ihr haltet Euer Spiel schon für gewonnen—
Jauchzt nicht zu frühe!

Thekla.

Seid nur gut!

Gräfin.

Es ist noch nicht so weit.

Thekla.

Ich glaub es wohl.

Gräfin.

Denkt Ihr, er habe sein bedeutend Leben
In kriegerischer Arbeit aufgewendet,
Jedwedem stillen Erdenglück entsagt,
Den Schlaf von seinem Lager weggebannt,
Sein edles Haupt der Sorge hingegeben,
Nur um ein glücklich Paar aus euch zu machen?
Um dich zuletzt aus deinem Stift zu ziehn,
Den Mann dir im Triumphe zuzuführen,
Der deinen Augen wohlgefällt?—Das hätt' er
Wohlfeiler habe können! Diese Saat
Ward nicht gepflanzt, daß du mit kind'scher Hand
Die Blume brächest und zu leichten Zier
An deinen Busen stecktest!

Thekla.

Was er mir nicht gepflanzt, das könnte doch
Freiwillig mir die schönen Früchte tragen.
Und wenn mein gütig freundliches Geschick
Aus seinem furchtbar ungeheuren Dasein
Des Lebens Freude mir bereiten will—

Gräfin.

Du siehst's wie ein verliebtes Mädchen an.
Blick um dich her. Besinn dich, wo du bist—
Nicht in ein Freudenhaus bist du getreten,
Zu keiner Hochzeit findest du die Wände
Geschmückt, der Gäste Haupt bekränzt. Hier ist
Kein Glanz als der von Waffen. Oder denkst du,
Man führte diese Tausende zusammen,
Beim Brautfest dir den Reihen aufzuführen?
Du siehst des Vaters Stirn gedankenvoll,
Der Mutter Aug' in Tränen, auf der Waage liegt
Das große Schicksal unsers Hauses!
Laß jetzt des Mädchens kindische Gefühle,
Die kleinen Wünsche hinter dir! Beweise,
Daß du des Außerordentlichen Tochter bist!
Das Weib soll sich nicht selber angehören,
An fremdes Schicksal ist sie fest gebunden;

Die aber ist die Beste, die sich Fremdes
Aneignen kann mit Wahl, an ihrem Herzen
Es trägt und pflegt mit Innigkeit und Liebe.

Thekla.

So wurde mir's im Kloster vorgesagt.
Ich hatte keine Wünsche, kannte mich
Als seine Tochter nur, des Mächtigen,
Und seines Lebens Schall, der auch zu mir drang,
Gab mir kein anderes Gefühl als dies:
Ich sei bestimmt, mich leidend ihm zu opfern.

Gräfin.

Das ist dein Schicksal. Füge dich ihm willig.
Ich und die Mutter geben dir das Beispiel.

Thekla.

Das Schicksal hat mir den gezeigt, dem ich
Mich opfern soll; ich will ihm freudig folgen.

Gräfin.

Dein Herz, mein liebes Kind, und nicht das Schicksal.

Thekla.

Der Zug des Herzens ist des Schicksals Stimme.
Ich bin die Seine. Sein Geschenk allein
Ist dieses neue Leben, das ich lebe.
Er hat ein Recht an sein Geschöpf. Was war ich,
Eh' seine schöne Liebe mich beseelte?
Ich will auch von mir selbst nicht kleiner denken
Als der Geliebte. Der kann nicht gering sein,
Der das Unschätzbare besitzt. Ich fühle
Die Kraft mit meinem Glücke mir verliehn.
Ernst liegt das Leben vor der ernsten Seele.
Daß ich mir selbst gehöre, weiß ich nun.
Den festen Willen hab ich kennen lernen,
Den unbezwinglichen, in meiner Brust,
Und an das Höchste kann ich alles setzen.

Gräfin.

Du wolltest dich dem Vater widersetzen,
Wenn er es anders nun mit dir beschlossen?
—Ihm denkst du's abzuzwingen? Wisse, Kind!
Sein Nam' ist Friedland.

Thekla.
  Auch der meinige.
  Er soll in mir die echte Tochter finden.

Gräfin.
  Wie? Sein Monarch, sein Kaiser zwingt ihn nicht,
  Und du, sein Mädchen, wolltest mit ihm kämpfen?

Thekla.
  Was niemand wagt, kann seine Tochter wagen.

Gräfin.
  Nun wahrlich! Darauf ist er nicht bereitet.
  Er hätte jedes Hindernis besiegt,
  Und in dem eignen Willen seiner Tochter
  Sollt' ihm der neue Streit entstehn? Kind! Kind!
  Noch hast du nur das Lächeln deines Vaters,
  Hast seines Zornes Auge nicht gesehen.
  Wird sich die Stimme deines Widerspruchs,
  Die zitternde, in seine Nähe wagen?
  Wohl magst du dir, wenn du allein bist, große Dinge
  Vorsetzen, schöne Rednerblumen flechten,
  Mit Löwenmut den Taubensinn bewaffnen.
  Jedoch versuch's! Tritt vor sein Auge hin,
  Das fest auf dich gespannt ist, und sag nein!
  Vergehen wirst du vor ihm, wie das zarte Blatt
  Der Blume vor dem Feuerblick der Sonne.
  —Ich will dich nicht erschrecken, liebes Kind!
  Zum Äußersten soll's ja nicht kommen, hoff ich—
  Auch weiß ich seinen Willen nicht. Kann sein,
  Daß seine Zwecke deinem Wunsch begegnen.
  Doch das kann nimmermehr sein Wille sein,
  Daß du, die stolze Tochter seines Glücks,
  Wie ein verliebtes Mädchen dich gebärdest,
  Wegwerfest an den Mann, der , wenn ihm je
  Der hohe Lohn bestimmt ist, mit dem höchsten Opfer,
  Das Liebe bringt, dafür bezahlen soll!

(Sie geht ab.)

Neunter Auftritt

Thekla. (allein)
  Dank dir für deinen Wink! Er macht
  Mir meine böse Ahnung zur Gewißheit.
  So ist's denn wahr? Wir haben keinen Freund

Und keine treue Seele hier—wir haben
Nichts als uns selbst. Uns drohen harte Kämpfe.
Du, Liebe, gib uns Kraft, du göttliche!
Oh! sie sagt wahr! Nicht frohe Zeichen sind's,
Die diesem Bündnis unsrer Herzen leuchten.
Das ist kein Schauplatz, wo die Hoffnung wohnt.
Nur dumpfes Kriegsgetöse rasselt hier,
Und selbst die Liebe, wie in Stahl gerüstet,
Zum Todeskampf gegürtet, tritt sie auf.
Es geht ein finstrer Geist durch unser Haus,
Und schleunig will das Schicksal mit uns enden.
Aus stiller Freistatt treibt es mich heraus,
Ein holder Zauber muß die Seele blenden.
Es lockt mich durch die himmlische Gestalt,
Ich seh sie nah und seh sie näher schweben,
Es zieht mich fort mit göttlicher Gewalt,
Dem Abgrund zu, ich kann nicht widerstreben.
(Man hört von ferne die Tafelmusik.)
Oh! wenn ein Haus im Feuer soll vergehn,
Dann treibt der Himmel sein Gewölk zusammen,
Es schießt der Blitz herab aus heitern Höhn,
Aus unterird'schen Schlünden fahren Flammen,
Blindwütend schleudert selbst der Gott der Freude
Den Pechkranz in das brennende Gebäude!
(Sie geht ab.)

Vierter Aufzug

Szene: Ein großer, festlich erleuchteter Saal, in der Mitte desselben und nach der Tiefe des Theaters eine reich ausgeschmückte Tafel, an welcher acht Generale, worunter Octavio Piccolomini, Terzky und Maradas, sitzen. Rechts und links davon, mehr nach hinten zu, noch zwei andere Tafeln, welche jede mit sechs Gästen besetzt sind. Vorwärts steht der Kredenztisch, die ganze vordere Bühne bleibt für die aufwartenden Pagen und Bedienten frei. Alles ist in Bewegung, Spielleute von Terzkys Regiment ziehen über den Schauplatz um die Tafel herum. Noch ehe sie sich ganz entfernt haben, erscheint Max Piccolomini; ihm kommt Terzky mit einer Schrift, Isolani mit einem Pokal entgegen.

Erster Auftritt

Terzky. Isolani. Max Piccolomini.

Isolani.
>   Herr Bruder, was wir lieben! Nun, wo steckt Er?
>   Geschwind an Seinen Platz! Der Terzky hat
>   Der Mutter Ehrenweine preisgegeben,
>   Es geht hier zu, wie auf dem Heidelberger Schloß.
>   Das Beste hat Er schon versäumt. Sie teilen
>   Dort an der Tafel Fürstenhüte aus,
>   Des Eggenberg, Slawata, Lichtenstein,
>   Des Sternbergs Güter werden ausgeboten
>   Samt allen großen böhm'schen Lehen; wenn
>   Er hurtig macht, fällt auch für Ihn was ab.
>   Marsch! Setz' Er sich!

Colalto und Götz. (rufen an der zweiten Tafel)
>   Graf Piccolomini!

Terzky.
>   Ihr sollt ihn haben! Gleich!—Lies diese Eidesformel,
>   Ob dir's gefällt, so wie wir's aufgesetzt.
>   Es haben's alle nach der Reih' gelesen,
>   Und jeder wird den Namen drunter setzen.

Max. (liest)
>   "Ingratis servire nefas."

Isolani.
>   Das klingt wie ein latein'scher Spruch—Herr Bruder,
>   Wie heißt's auf deutsch?

Terzky.
Dem Undankbaren dient kein rechter Mann!

Max.

"Nachdem unser hochgebietender Feldherr, der
Durchlauchtige Fürst von Friedland, wegen vielfältig
empfangener Kränkungen, des Kaisers Dienst zu
Verlassen gemeint gewesen, auf unser einstimmiges
Bitten aber sich bewegen lassen, noch länger bei der
Armee zu verbleiben, und ohne unser Genehmhalten sich
Nicht von uns zu trennen; als verpflichten wir uns wieder
ingesamt, und jeder für sich insbesondere, anstatt eines
körperlichen Eides—auch bei ihm ehrlich und getreu zu
halten, uns auf keinerlei Weise von ihm zu trennen, und
für denselben alles das Unsrige, bis auf den letzten
Blutstropfen, aufzusetzen, so weit nämlich unser dem
Kaiser geleisteter Eid es erlauben wird.
(Die letzten Worte werden von Isolani nachgesprochen.)
Wie wir denn auch, wenn einer oder der andre, von uns, diesem
Verbündnis zuwider, sich von der gemeinen Sache
Absondern sollte, denselben als einen bundesflüchtigen
Verräter erklären, und an seinem Hab und Gut, Leib und
Leben Rache dafür zu nehmen verbunden sein wollen.
Solches bezeugen wir mit Unterschrift unsers Namens."

Terzky.
Bist du gewillt, dies Blatt zu unterschreiben?

Isolani.
Was sollt' er nicht! Jedweder Offizier
Von Ehre kann das—muß das—Dint' und Feder!

Terzky.
Laß gut sein, bis nach der Tafel.

Isolani. (Max fortziehend)
Komm' Er, komm' Er!

(Beide gehen an die Tafel.)

Zweiter Auftritt

Terzky. Neumann.

Terzky. (winkt dem Neumann , der am Kredenztisch gewartet,
und tritt mit ihm vorwärts)
Bringst du die Abschrift, Neumann? Gib! Sie ist
Doch so verfaßt, daß man sie leicht verwechselt?

Neumann.

Ich hab sie Zeil' um Zeile nachgemalt,
Nichts als die Stelle von dem Eid blieb weg,
Wie deine Exzellenz es mir geheißen.

Terzky.

Gut! Leg sie dorthin, und mit dieser gleich
Ins Feuer! Was sie soll, hat sie geleistet.

(Neumann legt die Kopie auf den Tisch und tritt wieder zum Schenktisch.)

Dritter Auftritt

Illo kommt aus dem zweiten Zimmer. Terzky.

Illo.

Wie ist es mit dem Piccolomini?

Terzky.

Ich denke, gut. Er hat nichts eingewendet.

Illo.

Er ist der einz'ge, dem ich nicht recht traue,
Er und der Vater—Habt ein Aug' auf beide!

Terzky.

Wie sieht's an Eurer Tafel aus? Ich hoffe,
Ihr haltet Eure Gäste warm?

Illo.

Sie sind
Ganz kordial. Ich denk, wir haben sie.
Und wie ich's Euch vorausgesagt—Schon ist
Die Red' nicht mehr davon, den Herzog bloß
Bei Ehren zu erhalten. Da man einmal
Beisammen sei, meint Montecuculi,
So müsse man in seinem eignen Wien
Dem Kaiser die Bedingung machen. Glaubt mir,
Wär's nicht um diese Piccolomini,
Wir hätten den Betrug uns können sparen.

Terzky.

Was will der Buttler? Still!

Vierter Auftritt

Buttler zu den Vorigen.

Buttler. (von der zweiten Tafel kommend)
Laßt Euch nicht stören.

Ich hab Euch wohl verstanden, Feldmarschall.
Glück zum Geschäfte—und was mich betrifft,
(geheimnisvoll)
So könnt Ihr auf mich rechnen.

Illo. (lebhaft)
Können wir's?

Buttler.
Mit oder ohne Klausel! gilt mir gleich!
Versteht Ihr mich? Der Fürst kann meine Treu'
Auf jede Probe setzen, sagt ihm das.
Ich bin des Kaisers Offizier, solang ihm
Beliebt, des Kaisers General zu bleiben,
Und bin des Friedlands Knecht, sobald es ihm
Gefallen wird, sein eigner Herr zu sein.

Terzky.
Ihr treffet einen guten Tausch. Kein Karger,
Kein Ferdinand ist's, dem Ihr Euch verpflichtet.

Buttler. (ernst)
Ich biete meine Treu' nicht feil, Graf Terzky,
Und wollt' Euch nicht geraten haben, mir
Vor einem halben Jahr noch abzudingen,
Wozu ich jetzt freiwillig mich erbiete.
Ja, mich samt meinem Regiment bring ich
Dem Herzog, und nicht ohne Folgen soll
Das Beispiel bleiben, denk ich, das ich gebe.

Illo.
Wem ist es nicht bekannt, daß Oberst Buttler

Dem ganzen Heer voran als Muster leuchtet!

Buttler.
Meint Ihr, Feldmarschall? Nun, so reut mich nicht
Die Treue, vierzig Jahre lang bewahrt,
Wenn mir der wohlgesparte gute Name
So volle Rache kauft im sechzigsten!—
Stoßt euch an meine Rede nicht, ihr Herrn.
Euch mag es gleichviel sein,wie ihr mich habt,
Und werdet, hoff ich, selber nicht erwarten,
Daß euer Spiel mein grades Urteil krümmt—
Daß Wankelsinn und schnell bewegtes Blut
Noch leichte Ursach' sonst den alten Mann
Vom langgewohnten Ehrenpfade treibt.

Kommt! Ich bin darum minder nicht entschlossen,
Weil ich es deutlich weiß, wovon ich scheide.

Illo.

Sagt's rund heraus, wofür wir Euch zu halten—

Buttler.

Für einen Freund! Nehmt meine Hand darauf,
Mit allem, was ich hab, bin ich der Eure.
Nicht Männer bloß, auch Geld bedarf der Fürst.
Ich hab in seinem Dienst mir was erworben,
Ich leih es ihm, und überlebt er mich,
Ist's ihm vermacht schon längst, er ist mein Erbe.
Ich steh allein da in der Welt und kenne
Nicht das Gefühl, das an ein teures Weib
Den Mann und an geliebte Kinder bindet;
Mein Name stirbt mit mir, mein Dasein endet.

Illo.

Nicht Eures Gelds bedarf's—ein Herz, wie Euers,
Wiegt Tonnen Goldes auf und Millionen.

Buttler.

Ich kam, ein schlechter Reitersbursch, aus Irland
Nach Prag mit einem Herrn, den ich begrub.
Vom niedern Dienst im Stalle stieg ich auf,
Durch Kriegsgeschick, zu dieser Würd' und Höhe,
Das Spielzeug eines grillenhaften Glücks.
Auch Wallenstein ist der Fortuna Kind,
Ich liebe einen Weg, der meinem gleicht.

Illo.

Verwandte sind sich alle starken Seelen.

Buttler.

Es ist ein großer Augenblick der Zeit,
Dem Tapfern, dem Entschloßnen ist sie günstig.
Wie Scheidemünze geht von Hand zu Hand,
Tauscht Stadt und Schloß den eilenden Besitzer.
Uralter Häuser Enkel wandern aus,
Ganz neue Wappen kommen auf und Namen;
Auf deutscher Erde unwillkommen wagt's
Ein nördlich Volk sich bleibend einzubürgern.
Der Prinz von Weimar rüstet sich mit Kraft,
Am Main ein mächtig Fürstentum zu gründen;
Dem Mansfeld fehlte nur, dem Halberstädter

Ein längres Leben, mit dem Ritterschwert
Landeigentum sich tapfer zu erfechten.
Wer unter diesen reicht an unsern Friedland?
Nichts ist so hoch, wornach der Starke nicht
Befugnis hat die Leiter anzusetzen.

Terzky.
Das ist gesprochen wie ein Mann!

Buttler.
Versichert euch der Spanier und Welschen,
Den Schotten Leßly will ich auf mich nehmen.
Kommt zur Gesellschaft! Kommt!

Terzky.
Wo ist der Kellermeister?
Laß aufgehn, was du hast! die besten Weine!
Heut gilt es. Unsre Sachen stehe gut.

(Gehen, jeder an seine Tafel.)

Fünfter Auftritt

Kellermeister mit Neumann vorwärts kommend. Bediente gehen ab und zu.

Kellermeister.
Der edle Wein! Wenn meine alte Herrschaft,
Die Frau Mama, das wilde Leben säh',
In ihrem Grabe kehrte sie sich um!—
Ja! Ja! Herr Offizier! Es geht zurück
Mit diesem edeln Haus—Kein Maß noch Ziel!
Und die durchlauchtige Verschwägerung
Mit diesem Herzog bringt uns wenig Segen.

Neumann.
Behüte Gott! Jetzt wird der Flor erst angehn.

Kellermeister.
Meint Er? Es ließ' sich vieles davon sagen.

Bedienter. (kommt.)
Burgunder für den vierten Tisch!

Kellermeister.
Das ist
Die siebenzigste Flasche nun, Herr Leutnant.

Bedienter.
Das macht, der deutsche Herr, der Tiefenbach,

Sitzt dran.
(Geht ab.)

Kellermeister. (zu Neumann fortfahrend)
Sie wollen gar zu hoch hinaus. Kurfürsten
Und Königen wollen sie's im Prunke gleichtun,
Und wo der Fürst sich hingetraut, da will der Graf,
Mein gnäd'ger Herre, nicht dahintenbleiben.
(Zu den Bedienten.)
Was steht ihr horchen? Will euch Beine machen.
Seht nach den Tischen, nach den Flaschen! Da!
Graf Palffy hat ein leeres Glas vor sich!

Zweiter Bedienter. (kommt)
Den großen Kelch verlandt man, Kellermeister,
Den reichen, güldnen, mit dem böhm'schen Wappen,
Ihr wißt schon welchen, hat der Herr gesagt.

Kellermeister.
Der auf des Friedrichs seine Königskrönung
Vom Meister Wilhelm ist verfertigt worden,
Das schöne Prachtstück aus der Prager Beute?

Zweiter Bedienter.
Ja, den! Den Umtrunk wollen sie mit halten.

Kellermeister. (mit Kopfschütteln, indem er den Pokal
hervorholt und ausspült)
Das gibt nach Wien was zu berichten wieder!

Neumann.
Zeigt! Das ist eine Pracht von einem Becher!
Von Golde schwer und in erhabner Arbeit
Sind kluge Dinge zierlich drauf gebildet.
Gleich auf dem ersten Schildlein, laßt mal sehn!
Die stolze Amazone da zu Pferd,
Die übern Krummstab setzt und Bischofsmützen,
Auf einer Stange trägt sie einen Hut,
Nebst einer Fahn', worauf ein Kelch zu sehn.
Könnt Ihr mir sagen, was das all bedeutet?

Kellermeister.
Die Weibsperson, die ihr da seht zu Roß,
Das ist die Wahlfreiheit der böhm'schen Kron'.
Das wird bedeutet durch den runden Hut
Und durch das wilde Roß, auf dem sie reitet.
Des Menschen Zierat ist der Hut, denn wer

Den Hut nicht sitzen lassen darf vor Kaisern
Und Königen, der ist kein Mann der Freiheit.

Neumann.
Was aber soll der Kelch da auf der Fahn'?

Kellermeister.
Der Kelch bezeugt die böhm'sche Kirchenfreiheit,
Wie sie gewesen zu der Väter Zeit.
Die Väter im Hussitenkrieg erstritten
Sich dieses schöne Vorrecht übern Papst,
Der keinem Laien gönnen will den Kelch.
Nichts geht dem Utraquisten übern Kelch,
Es ist sein köstlich Kleinod, hat dem Böhmen
Sein teures Blut in mancher Schlacht gekostet.

Neumann.
Was sagt die Rolle, die da drüber schwebt?

Kellermeister.
Den böhm'schen Majestätsbrief zeigt sie an,
Den wir dem Kaiser Rudolf abgezwungen,
Ein köstlich unschätzbares Pergament,
Das frei Geläut' und offenen Gesang
Dem neuen Glauben sichert wie dem alten.
Doch seit der Grätzer über uns regiert,
Hat das ein End', und nach der Prager Schlacht,
Wo Pfalzgraf Friedrich Kron' und Reich verloren,
Ist unser Glaub' um Kanzel und Altar,
Und unsre Brüder sehen mit dem Rücken
Die Heimat an, den Majestätsbrief aber
Zerschnitt der Kaiser selbst mit seiner Schere.

Neumann.
Das alles wißt Ihr! Wohl bewandert seid Ihr
In Eures Landes Chronik, Kellermeister.

Kellermeister.
Drum waren meine Ahnherrn Taboriten
Und dienten unter dem Prokop und Ziska.
Fried' sei mit ihrem Staube! Kämpften sie
Für eine gute Sache doch—Tragt fort !

Neumann.
Erst laßt mich noch das zweite Schildlein sehn.
Sieh doch, das ist, wie auf dem Prager Schloß
Des Kaisers Räte Martinitz, Slawata

Kopf unter sich herabgestürzet werden.
Ganz recht! Da steht Graf Thurn, der es befiehlt.

(Bedienter geht mit dem Kelch.)

Kellermeister.
    Schweigt mir von diesem Tag, es war der drei-
    Undzwanzigste des Mais, da man eintausen-
    Sechshundert schrieb und achtzehn. Ist mir's doch,
    Als wär' es heut, und mit dem Unglückstag
    Fing's an, das große Herzeleid des Landes.
    Seit diesem Tag, es sind jetzt sechzehn Jahr,
    Ist nimmer Fried' gewesen auf der Erden—
(An der zweiten Tafel wird gerufen:)
    Der Fürst von Weimar!
(An der dritten und vierten Tafel:)
    Herzog Bernhard lebe!
(Musik fällt ein.)

Erster Bedienter.
    Hört den Tumult!

Zweiter Bedienter. (kommt gelaufen)
    Habt ihr gehört? Sie lassen
    den Weimar leben!

Dritter Bedienter.
    Östreichs Feind!

Erster Bedienter.
    Den Lutheraner!

Zweiter Bedienter.
    Vorhin, da bracht' der Deodat des Kaisers
    Gesundheit aus, da blieb's ganz mäuschenstille.

Kellermeister.
    Beim Trunk geht vieles drein. Ein ordentlicher
    Bedienter muß kein Ohr für so was haben.

Dritter Bedienter. (beiseite zum vierten)
    Paß ja wohl auf, Johann, daß wir dem Pater
    Quiroga recht viel zu erzählen haben;
    Er will dafür uns auch viel Ablaß geben.

Vierter Bedienter.
    Ich mach mir an des Illo seinem Stuhl

Deswegen auch zu tun, soviel ich kann,
Der führt dir gar verwundersame Reden.

(Gehen zu den Tafeln.)

Kellermeister. (zu Neumann)
Wer mag der schwarze Herr sein mit dem Kreuz,
Der mit Graf Palffy so vertraulich schwatzt?

Neumann.
Das ist auch einer, dem sie zu viel trauen,
Maradas nennt er sich, ein Spanier.

Kellermeister.
's ist nichts mit den Hispaniern, sag ich Euch,
Die Welschen alle taugen nichts.

Neumann.
Ei! Ei!
So solltet Ihr nicht sprechen, Kellermeister.
Es sind die ersten Generale drunter,
Auf die der Herzog just am meisten hält.

(Terzky kommt und holt das Papier ab, an den Tafeln entsteht
eine Bewegung.)

Kellermeister. (zu den Bedienten)
Der Generalleutnant steht auf. Gebt acht!
Sie machen Aufbruch. Fort und rückt die Sessel.

(Die Bedienten eilen nach hinten, ein Teil der Gäste kommt
vorwärts.)

Sechster Auftritt

Octavio Piccolomini kommt im Gespräch mit Maradas, und beide stellen
sich ganz vorne hin auf eine Seite des Proszeniums. Auf die
entgegengesetzte Seite tritt Max Piccolomini, allein, in sich gekehrt und
ohne Anteil an der übrigen Handlung. Den mittlern Raum zwischen beiden,
doch einige Schritte mehr zurück, erfüllen Buttler, Isolani, Götz,
Tiefenbach, Colalto und bald darauf Graf Terzky.

Isolani. (während daß die Gesellschaft vorwärts kommt)
Gut' Nacht!—Gut' Nacht, Colalto—Generalleutnant,
Gut' Nacht! Ich sagte besser, guten Morgen.

Götz. (zu Tiefenbach)
Herr Bruder! Prosit Mahlzeit!

Tiefenbach.
Das war ein königliches Mahl!

Götz.
Ja, die Frau Gräfin
Versteht's. Sie lernt' es ihrer Schwieger ab,
Gott hab' sie selig! Das war eine Hausfrau!

Isolani. (will weggehen)
Lichter! Lichter!

Terzky. (kommt mit der Schrift zu Isolani)
Herr Bruder! Zwei Minuten noch. Hier ist
Noch was zu unterschreiben.

Isolani.
Unterschreiben,
Soviel Ihr wollt! Verschont mich nur mit Lesen.

Terzky.
Ich will Euch nicht bemühn. Es ist der Eid,
Den Ihr schon kennt. Nur einige Federstriche.

(Wie Isolani die Schrift dem Octavio hinreicht.)

Wie's kommt! Wen's eben trifft! Es ist kein Rang hier.

(Octavio durchläuft die Schrift mit anscheinender Gleichgültigkeit.
Terzky beobachtet ihn von weitem.)

Götz. (zu Terzky)
Herr Graf! Erlaubt mir, daß ich mich empfehle.

Terzky.
Eilt doch nicht so—Noch einen Schlaftrunk—He!

(Zu den Bedienten.)

Götz.
Bin's nicht im Stand.

Terzky.
Ein Spielchen.

Götz.
Excusiert mich!

Tiefenbach. (setzt sich)
Vergebt, ihr Herrn. Das Stehen wird mir sauer.

Terzky.
Macht's Euch bequem, Herr Generalfeldzeugmeister!

Tiefenbach.
Das Haupt ist frisch, der Magen ist gesund,
Die Beine wollen aber nicht mehr tragen.

Isolani. (auf seine Korpulenz zeigend)
Ihr habt die Last auch gar zu groß gemacht.

(Octavio hat unterschrieben und reicht Terzky die Schrift, der
sie dem Isolani gibt. Dieser geht an den Tisch, zu unterschreiben.)

Tiefenbach.
Der Krieg in Pommern hat mir's zugezogen,
Da mußten wir heraus in Schnee und Eis,
Das werd ich wohl mein Lebtag nicht verwinden.

Götz.
Jawohl! Der Schwed' frug nach der Jahreszeit nichts.

(Terzky reicht das Papier an Don Maradas; dieser geht an den Tisch,
zu unterschreiben.)

Octavio. (nähert sich Buttlern)
Ihr liebt die Bacchusfeste auch nicht sehr,
Herr Oberster! Ich hab es wohl bemerkt,
Und würdet, deucht mir, besser Euch gefallen
Im Toben einer Schlacht als eines Schmauses.

Buttler.
Ich muß gestehen, es ist nicht in meiner Art.

Octavio. (zutraulich näher tretend)
Auch nicht in meiner, kann ich Euch versichern,
Und mich erfreut's, sehr würd'ger Oberst Buttler,
Daß wir uns in der Denkart so begegnen.
Ein halbes Dutzend guter Freunde höchstens
Um einen kleinen, runden Tisch, ein Gläschen
Tokaierwein, ein offnes Herz dabei
Und ein vernünftiges Gespräch—so lieb ich's!

Buttler.
Ja, wenn man's haben kann, ich halt es mit.

(Das Papier kommt an Buttlern, der an den Tisch geht, zu
unterschreiben. Das Proszenium wird leer, so daß beide Piccolomini,
jeder auf seiner Seite, allein stehen bleiben.)

Octavio. (nachdem er seinen Sohn eine Zeitlang aus der
Ferne stillschweigend betrachtet, nähert sich ihm ein wenig)
Du bist sehr lange ausgeblieben, Freund.

Max. (wendet sich schnell um, verlegen)
Ich—dringende Geschäfte hielten mich.

Octavio.
Doch, wie ich sehe, bist du noch nicht hier?

Max.
Du weißt, daß groß Gewühl mich immer still macht.

Octavio. (rückt ihm noch näher)
Ich darf nicht wissen, was so lang dich aufhielt?

(Listig.)

—Und Terzky weiß es doch.

Max.
Was weiß der Terzky?

Octavio. (bedeutend)
Er war der einz'ge, der dich nicht vermißte.

Isolani. (der von weitem achtgegeben, tritt dazu.)
Recht, alter Vater! Fall ihm ins Gepäck!
Schlag die Quartier' ihm auf! Es ist nicht richtig.

Terzky. (kommt mit der Schrift)
Fehlt keiner mehr? Hat alles unterschrieben?

Octavio.
Es haben's alle.

Terzky. (rufend)
Nun! Wer unterschreibt noch?

Buttler. (zu Terzky)
Zähl nach! Just dreißig Namen müssen's sein.

Terzky.
Ein Kreuz steht hier.

Tiefenbach.
Das Kreuz bin ich.

Isolani. (zu Terzky)
Er kann nicht schreiben, doch sein Kreuz ist gut
Und wird ihm honoriert von Jud und Christ.

Octavio. (pressiert zu Max)
Gehn wir zusammen, Oberst. Es wird spät.

Terzky.
Ein Piccolomini ist nur aufgeschrieben.

Isolani. (auf Max zeigend)
Gebt acht! Es fehlt an diesem steinernen Gast,
Der uns den ganzen Abend nichts getaugt.

(Max empfängt aus Terzkys Händen das Blatt, in welches er
gedankenlos hineinsieht.)

Siebenter Auftritt

Die Vorigen. Illo kommt aus dem hintern Zimmer, er hat den
goldnen Pokal in der Hand und ist sehr erhitzt, ihm folgen
Götz und Buttler, die ihn zurückhalten wollen.

Illo.
Was wollt ihr? Laßt mich.

Götz und Buttler.
Illo! Trinkt nicht mehr.

Illo. (geht auf den Octavio zu und umarmt ihn, trinkend)
Octavio! Das bring ich dir! Ersäuft
Sei aller Groll in diesem Bundestrunk!
Weiß wohl, du hast mich nie geliebt—Gott straf' mich,
Und ich dich auch nicht! Laß Vergangenes
Vergessen sein! Ich schätze dich unendlich,
(ihn zu wiederholten Malen küssend)
Ich bin dein bester Freund, und, daß ihr's wißt!
Wer mir ihn eine falsche Katze schilt,
Der hat's mit mir zu tun.

Terzky. (beiseite)
Bist du bei Sinnen?
Bedenk doch, Illo, wo du bist!

Illo. (treuherzig)
Was wollt Ihr? Es sind lauter gute Freunde.

(Sich mit vergnügtem Gesicht im ganzen Kreise umsehend.)

Es ist kein Schelm hier unter uns, das freut mich.

Terzky. (zu Buttler, dringend)
Nehmt ihn doch mit Euch fort! Ich bitt Euch, Buttler.

(Buttler führt ihn an den Schenktisch.)

Isolani. (zu Max, der bisher unverwandt, aber gedankenlos
in das Papier gesehen)
Wird's bald, Herr Bruder? Hat Er's durchstudiert?

Max. (wie aus einem Traum erwachend)
Was soll ich?

Terzky und Isolani. (zugleich)
Seinen Namen drunter setzen.

(Man sieht den Octavio ängstlich gespannt den Blick auf ihn richten.)

Max. (gibt es zurück)
Laßt's ruhn bis morgen. Es ist ein Geschäft,
Hab heute keine Fassung. Schickt mir's morgen.

Terzky.
Bedenk' Er doch—

Isolani.
Frisch! Unterschrieben! Was!
Er ist der jüngste von der ganzen Tafel,
Wird ja allein nicht klüger wollen sein
Als wir zusammen? Seh' Er her! Der Vater
Hat auch, wir haben alle unterschrieben.

Terzky. (zum Octavio)
Braucht Euer Ansehn doch. Bedeutet ihn.

Octavio.
Mein Sohn ist mündig.

Illo. (hat den Pokal auf den Schenktisch gesetzt)
Wovon ist die Rede?

Terzky.
Er weigert sich, das Blatt zu unterschreiben.

Max.
Es wird bis morgen ruhen können, sag ich.

Illo.
Es kann nicht ruhn. Wir unterschrieben alle,
Und du mußt auch, du mußt dich unterschreiben.

Max.
Illo, schlaf wohl.

Illo.
Nein! So entkömmst du nicht!
Der Fürst soll seine Freunde kennenlernen.

(Es sammeln sich alle Gäste um die beiden.)

Max.
Wie ich für ihn gesinnt bin, weiß der Fürst,
Es wissen's alle, und der Fratzen braucht's nicht.

Illo.
Das ist der Dank, das hat der Fürst davon,
Daß er die Welschen immer vorgezogen!

Terzky. (in höchster Verlegenheit zu den Kommandeurs, die
einen Auflauf machen)
Der Wein spricht aus ihm! Hört ihn nicht, ich bitt euch.

Isolani. (lacht)
Der Wein erfindet nichts, er schwatzt's nur aus.

Illo.
Wer nicht ist mit mir, der ist wider mich.
Die zärtlichen Gewissen! Wenn sie nicht
Durch eine Hintertür, durch eine Klausel—

Terzky. (fällt schnell ein)
Er ist ganz rasend, gebt nicht acht auf ihn.

Illo. (lauter schreiend)
Durch eine Klausel sich salvieren können.
Was Klausel? Hol' der Teufel diese Klausel—

Max. (wird aufmerksam und sieht wieder in die Schrift)
Was ist denn hier so hoch Gefährliches?
Ihr macht mir Neugier, näher hinzuschaun.

Terzky. (beiseite zu Illo)
Was machst du, Illo? Du verderbest uns!

Tiefenbach. (zu Colalto)
Ich merkt' es wohl, vor Tische las man's anders.

Götz.
Es kam mir auch so vor.

Isolani.
Was ficht das mich an?
Wo andre Namen, kann auch meiner stehn.

Tiefenbach.
Vor Tisch war ein gewisser Vorbehalt
Und eine Klausel drin von Kaisers Dienst.

Buttler. (zu einem der Kommandeurs)
Schämt euch, ihr Herrn! Bedenkt, worauf es ankommt.
Die Frag' ist jetzt, ob wir den General
Behalten sollen oder ziehen lassen?
Man kann's so scharf nicht nehmen und genau.

Isolani. (zu einem der Generale)
Hat sich der Fürst auch so verklausuliert,
Als er dein Regiment dir zugeteilt?

Terzky. (zu Götz)
Und Euch die Lieferungen, die an tausend
Pistolen Euch in einem Jahre tragen?

Illo.
Spitzbuben selbst, die uns zu Schelmen machen!
Wer nicht zufrieden ist, der sag's! Da bin ich!

Tiefenbach.
Nun! Nun! Man spricht ja nur.

Max. (hat gelesen und gibt das Papier zurück)
Bis morgen also!

Illo. (vor Wut stammelnd und seiner nicht mehr mächtig,
hält ihm mit der einen Hand die Schrift, mit der andern
den Degen vor)
Schreib—Judas!

Isolani.
Pfui, Illo!

Octavio, Terzky, Buttler. (zugleich)
Degen weg!

Max. (ist ihm rasch in den Arm gefallen und hat ihn
entwaffnet, zu Graf Terzky)
Bring ihn zu Bette!

(Er geht ab. Illo, fluchend und scheltend, wird von einigen
Kommandeurs gehalten, unter allgemeinem Aufbruch fällt der
Vorhang.)

Fünfter Aufzug

Szene: Ein Zimmer in Piccolominis Wohnung. Es ist Nacht.

Erster Auftritt

Octavio Piccolomini. Kammerdiener leuchtet. Gleich darauf Max
    Piccolomini.

Octavio.
    Sobald mein Sohn herein ist, weiset ihn
    Zu mir—Was ist die Glocke?

Kammerdiener.
    Gleich ist's Morgen.

Octavio.
    Setzt Euer Licht hieher—Wie legen uns
    Nicht mehr zu Bette, Ihr könnt schlafen gehn.

(Kammerdiener ab. Octavio geht nachdenkend durchs Zimmer. Max
    Piccolomini tritt auf, nicht gleich von ihm bemerkt, und sieht
    ihm einige Augenblicke schweigend zu.)

Max.
    Bist du mir bös, Octavio? Weiß Gott,
    Ich bin nicht schuld an dem verhaßten Streit.
    —Ich sah wohl, du hattest unterschrieben;
    Was du gebilliget, das konnte mir
    Auch recht sein—doch es war—du weißt—ich kann
    In solchen Sachen nur dem eignen Licht,
    Nicht fremdem folgen.

Octavio. (geht auf ihn zu und umarmt ihm)
    Folg ihm ferner auch,
    Mein bester Sohn! Es hat dich treuer jetzt
    Geleitet als das Beispiel deines Vaters.

Max.
    Erklär dich deutlicher.

Octavio.
    Ich werd es tun.
    Nach dem, was diese Nacht geschehen ist,
    Darf kein Geheimnis bleiben zwischen uns.

(Nachdem beide sich niedergesetzt.)

Max, sage mir, was denkst du von dem Eid,
Den man zur Unterschrift uns vorgelegt?

Max.

Für etwas Unverfänglich's halt ich ihn,
Obgleich ich dieses Förmliche nicht liebe.

Octavio.

Du hättest dich aus keinem andern Grunde
Der abgedrungnen Unterschrift geweigert?

Max.

Es war ein ernst Geschäft—ich war zerstreut—
Die Sache selbst erschien mir nicht so dringend—

Octavio.

Sei offen, Max. Du hattest keinen Argwohn—

Max.

Worüber Argwohn? Nicht den mindesten.

Octavio.

Dank's deinem Engel, Piccolomini!
Unwissend zog er dich zurück vom Abgrund.

Max.

Ich weiß nicht, was du meinst.

Octavio.

Ich will dir's sagen:
Zu einem Schelmenstück solltest du den Namen
Hergeben, deinen Pflichten, deinem Eid
Mit einem einz'gen Federstrich entsagen.

Max. (steht auf)

Octavio!

Octavio.

Bleib sitzen. Viel noch hast du
Von mir zu hören, Freund, hast jahrelang
Gelebt in unbegreiflicher Verblendung.
Das schwärzeste Komplott entspinnet sich
Vor deinen Augen, eine Macht der Hölle
Umnebelt deiner Sinne hellen Tag—
Ich darf nicht länger schweigen, muß die Binde
Von deinen Augen nehmen.

Max.

Eh' du sprichst,

Bedenk es wohl! Wenn von Vermutungen
Die Rede sein soll—und ich fürchte fast,
Es ist nichts weiter—Spare sie! Ich bin
Jetzt nicht gefaßt, sie ruhig zu vernehmen.

Octavio.
So ernsten Grund du hast, dies Licht zu fliehn,
So dringendern hab ich, daß ich dir's gebe.
Ich konnte dich der Unschuld deines Herzens,
Dem eignen Urteil ruhig anvertraun,
Doch deinem Herzen selbst seh ich das Netz
Verderblich jetzt bereiten—Das Geheimnis,
(ihn scharf mit den Augen fixierend)
Das du vor mir verbirgst, entreißt mir meines.

Max. (versucht zu antworten, stockt aber und schlägt den
Blick verlegen zu Boden)

Octavio. (nach einer Pause)
So wisse denn! Man hintergeht dich—spielt
Aufs schändlichste mit dir und mit uns allen.
Der Herzog stellt sich an, als wollt' er die
Armee verlassen; und in dieser Stunde
Wird's eingeleitet, die Armee dem Kaiser
—Zu stehlen und dem Feinde zuzuführen!

Max.
Das Pfaffenmärchen kenn ich, aber nicht
Aus deinem Mund erwartet' ich's zu hören.

Octavio.
Der Mund, aus dem du's gegenwärtig hörst,
Verbürget dir, es sei kein Pfaffenmärchen.

Max.
Zu welchem Rasenden macht man den Herzog!
Er könnte daran denken, dreißigtausend
Geprüfter Truppen, ehrlicher Soldaten,
Worunter mehr denn tausend Edelleute,
Von Eid und Pflicht und Ehre wegzulocken,
Zu einer Schurkentat sie zu vereinen?

Octavio.
So was nichtswürdig Schändliches begehrt
Er keinesweges—Was er von uns will,
Führt einen weit unschuldigeren Namen.
Nichts will er, als dem Reich den Frieden schenken;

Und weil der Kaiser diesen Frieden haßt,
So will er ihn—er will ihn dazu zwingen!
Zufriedenstellen will er alle Teile
Und zum Ersatz für seine Mühe Böhmen,
Das er schon innehat, für sich behalten.

Max.

Hat er's um uns verdient, Octavio,
Daß wir—wir so unwürdig von ihm denken?

Octavio.

Von unserm Denken ist hier nicht die Rede.
Die Sache spricht, die kläresten Beweise.
Mein Sohn! Dir ist nicht unbekannt, wie schlimm
Wir mit dem Hofe stehn—doch von den Ränken,
Den Lügenkünsten hast du keine Ahnung,
Die man in Übung setzte, Meuterei
Im Lager auszusäen. Aufgelöst
Sind alle Bande, die den Offizier
An seinen Kaiser fesseln, den Soldaten
Vertraulich binden an das Bürgerleben.
Pflicht—und gesetzlos steht er gegenüber
Dem Staat gelagert, den er schützen soll,
Und drohet, gegen ihn das Schwert zu kehren.
Es ist so weit gekommen, daß der Kaiser
In diesem Augenblick vor seinen eignen
Armeen zittert—der Verräter Dolche
In seiner Hauptstadt fürchtet—seiner Burg;
Ja im Begriffe steht, die zarten Enkel
Nicht vor den Schweden, vor den Lutheranern
—Nein! vor den eignen Truppen wegzuflüchten.

Max.

Hör auf! Du ängstigest, erschütterst mich.
Ich weiß, daß man vor leeren Schrecken zittert;
Doch wahres Unglück bringt der falsche Wahn.

Octavio.

Es ist kein Wahn. Der bürgerliche Krieg
Entbrennt, der unnatürlichste von allen,
Wenn wir nicht, schleunig rettend, ihm begegnen.
Der Obersten sind viele längst erkauft,
Der Subalternen Treue wankt; es wanken
Schon ganze Regimenter, Garnisonen.
Ausländern sind die Festungen vertraut,

Dem Schafgotsch, dem verdächtigen, hat man
Die ganze Mannschaft Schlesiens, dem Terzky
Fünf Regimenter, Reiterei und Fußvolk,
Dem Illo, Kinsky, Buttler, Isolan
Die bestmontierten Truppen übergeben.

Max.
Uns beiden auch.

Octavio.
Weil man uns glaubt zu haben,
Zu locken meint durch glänzende Versprechen.
So teilt er mir die Fürstentümer Glatz
Und Sagan zu, und wohl seh ich den Angel,
Womit man dich zu fangen denkt.

Max.
Nein! Nein!
Nein, sag ich dir!

Octavio.
Oh! öffne doch die Augen!
Weswegen, glaubst du, daß man uns nach Pilsen
Beorderte? Um mit uns Rat zu pflegen?
Wann hätte Friedland unsers Rats bedurft?
Wir sind berufen, uns ihm zu verkaufen,
Und weigern wir uns—Geisel ihm zu bleiben.
Deswegen ist Graf Gallas weggeblieben—
Auch deinen Vater sähest du nicht hier,
Wenn höhre Pflicht ihn nicht gefesselt hielt.

Max.
Er hat es keinen Hehl, daß wir um seinetwillen
Hieher berufen sind—gestehet ein,
Er brauche unsers Arms, sich zu erhalten.
Er tat so viel für uns, und so ist's Pflicht,
Daß wir jetzt auch für ihn was tun!

Octavio.
Und weißt du,
Was dieses ist, das wir für ihn tun sollen?
Des Illo trunkner Mut hat dir's verraten.
Besinn dich doch, was du gehört, gesehn.
Zeugt das vefälschte Blatt, die weggelaßne,
So ganz entscheidungsvolle Klausel nicht,
Man wollte zu nichts Gutem uns verbinden?

Max.

Was mit dem Blatte diese Nacht geschehn,
Ist mir nichts weiter als ein schlechter Streich
Von diesem Illo. Dies Geschlecht von Mäklern
Pflegt alles auf die Spitze gleich zu stellen.
Sie sehen, daß der Herzog mit dem Hof
Zerfallen ist, vermeinen ihm zu dienen,
Wenn sie den Bruch unheilbar nur erweitern.
Der Herzog, glaub mir, weiß von all dem nichts.

Octavio.

Es schmerzt mich, deinen Glauben an den Mann,
Der dir so wohlgegründet scheint, zu stürzen.
Doch hier darf keine Schonung sein—du mußt
Maßregeln nehmen, schleunige, mußt handeln.
—Ich will dir also nur gestehn—daß alles,
Was ich dir jetzt vertraut, was so unglaublich
Dir scheint, daß—daß ich es aus seinem eignen,
—Des Fürsten Munde habe.

Max. (in heftiger Bewegung)
Nimmermehr!

Octavio.

Er selbst vertraute mir—was ich zwar längst
Auf anderm Weg schon in Erfahrung brachte:
Daß er zum Schweden wolle übergehn
Und an der Spitze des verbundnen Heers
Den Kaiser zwingen wolle—

Max.
Er ist heftig,
Es hat der Hof empfindlich ihn beleidigt;
In einem Augenblick des Unmuts, sei's!
Mag er sich leicht einmal vergessen haben.

Octavio.

Bei kaltem Blute war er, als er mir
Dies eingestand; und weil er mein Erstaunen
Als Furcht auslegte, wies er im Vertraun
Mir Briefe vor, der Schweden und der Sachsen,
Die zu bestimmter Hilfe Hoffnung geben.

Max.
Es kann nicht sein! kann nicht sein! kann nicht sein!
Siehst du, daß es nicht kann! Du hättest ihm

Notwendig deinen Abscheu ja gezeigt,
Er hätt' sich weisen lassen, oder du
—Du stündest nicht mehr lebend mir zur Seite!

Octavio.
Wohl hab ich mein Bedenken ihm geäußert,
Hab dringend, hab mit Ernst ihn abgemahnt;
—Doch meinen Abscheu, meine innerste
Gesinnung hab ich tief versteckt.

Max.
Du wärst
So falsch gewesen? Das sieht meinem Vater
Nicht gleich! Ich glaubte deinen Worten nicht,
Da du von ihm mir Böses sagtest; kann's
Noch wen'ger jetzt, da du dich selbst verleumdest.

Octavio.
Ich drängte mich nicht selbst in sein Geheimnis.

Max.
Aufrichtigkeit verdiente sein Vertraun.

Octavio.
Nicht würdig war er meiner Wahrheit mehr.

Max.
Noch minder würdig deiner war Betrug.

Octavio.
Mein bester Sohn! Es ist nicht immer möglich,
Im Leben sich so kinderrein zu halten,
Wie's uns die Stimme lehrt im Innersten.
In steter Notwehr gegen arge List
Bleibt auch das redliche Gemüt nicht wahr—
Das eben ist der Fluch der bösen Tat,
Daß sie, fortzeugend, immer Böses muß gebären.
Ich klügle nicht, ich tue meine Pflicht,
Der Kaiser schreibt mir mein Betragen vor.
Wohl wär' es besser, überall dem Herzen
Zu folgen, doch darüber würde man
Sich manchen guten Zweck versagen müssen.
Hier gilt's, mein Sohn, dem Kaiser wohl zu dienen,
Das Herz mag dazu sprechen, was es will.

Max.
Ich soll dich heut nicht fassen, nicht verstehn.

Der Fürst, sagst du, entdeckte redlich dir sein Herz
Zu einem bösen Zweck, und du willst ihn
Zu einem guten Zweck betrogen haben!
Hör auf! ich bitte dich—du raubst den Freund
Mir nicht—Laß mich den Vater nicht verlieren!

Octavio. (unterdrückt seine Empfindlichkeit)
Noch weißt du alles nicht, mein Sohn. Ich habe
Dir noch was zu eröffnen.
(Nach einer Pause.)
Herzog Friedland
Hat seine Zurüstung gemacht. Er traut
Auf seine Sterne. Unbereitet denkt er uns
Zu überfallen—mit der sichern Hand
Meint er den goldnen Zirkel schon zu fassen.
Er irret sich—Wir haben auch gehandelt.
Er faßt sein bös geheimnisvolles Schicksal.

Max.
Nichts Rasches, Vater! Oh! bei allem Guten
Laß dich beschwören. Keine Übereilung!

Octavio.
Mit leisen Tritten schlich er seinen bösen Weg,
So leis und schlau ist ihm die Rache nachgeschlichen.
Schon steht sie ungesehen, finster hinter ihm,
Ein Schritt nur noch, und schaudernd rühret er sie an.
—Du hast den Questenberg bei mir gesehn;
Noch kennst du nur sein öffentlich Geschäft—
Auch ein geheimes hat er mitgebracht,
Das bloß für mich war.

Max.
Darf ich's wissen?

Octavio.
Max!
—Des Reiches Wohlfahrt leg ich mit dem Worte,
Des Vaters Leben dir in deine Hand.
Der Wallenstein ist deinem Herzen teuer,
Ein starkes Band der Liebe, der Verehrung
Knüpft seit der frühen Jugend dich an ihn—
Du nährst den Wunsch—Oh! laß mich immerhin
Vorgreifen deinem zögernden Vertrauen—
Die Hoffnung nährst du, ihm viel näher noch
Anzugehören.

Max.
Vater—

Octavio.
Deinem Herzen trau ich,
Doch, bin ich deiner Fassung auch gewiß?
Wirst du's vermögen, ruhigen Gesichts
Vor diesen Mann zu treten, wenn ich dir
Sein ganz Geschick nun anvertrauet habe?

Max.
Nachdem du seine Schuld mir anvertraut!

Octavio. (nimmt ein Papier aus der Schatulle und reicht es ihm hin)

Max.
Was? Wie? Ein offner kaiserlicher Brief.

Octavio.
Lies ihn.

Max. (nachdem er einen Blick hineingeworfen)
Der Fürst verurteilt und geächtet!

Octavio.
So ist's.

Max.
Oh! das geht weit! O unglücksvoller Irrtum!

Octavio.
Lies weiter! Faß dich!

Max. (nachdem er weitergelesen, mit einem Blick des
Erstaunens auf seinen Vater)
Wie? Was? Du? Du bist—

Octavio.
Bloß für den Augenblick—und bis der König
Von Ungarn bei dem Heer erscheinen kann,
Ist das Kommando mir gegeben—

Max.
Und glaubst du, daß du's ihm entreißen werdest?
Das denke ja nicht—Vater! Vater! Vater!
Ein unglückselig Amt ist dir geworden.
Dies Blatt hier—dieses! willst du geltendmachen?
Den Mächtigen in seines Heeres Mitte,

Umringt von seinen Tausenden, entwaffnen?
Du bist verloren—Du, wir alle sind's!

Octavio.

Was ich dabei zu wagen habe, weiß ich.
Ich stehe in der Allmacht Hand; sie wird
Das fromme Kaiserhaus mit ihrem Schilde
Bedecken und das Werk der Nacht zertrümmern.
Der Kaiser hat noch treue Diener, auch im Lager
Gibt es der braven Männer gnug, die sich
Zur guten Sache munter schlagen werden.
Die Treuen sind gewarnt, bewacht die andern,
Den ersten Schritt erwart ich nur, sogleich—

Max.

Auf den Verdacht hin willst du rasch gleich handeln?

Octavio.

Fern sei vom Kaiser die Tyrannenweise!
Den Willen nicht, die Tat nur will er strafen.
Noch hat der Fürst sein Schicksal in der Hand—
Er lasse das Verbrechen unvollführt,
So wird man ihn still vom Kommando nehmen,
Er wird dem Sohne seines Kaisers weichen.
Ein ehrenvoll Exil auf seine Schlösser
Wird Wohltat mehr als Strafe für ihn sein.
Jedoch der erste offenbare Schritt—

Max.

Was nennst du einen solchen Schritt? Er wird
Nie einen bösen tun.—Du aber könntest
(Du hast's getan) den frömmsten auch mißdeuten.

Octavio.

Wie strafbar auch des Fürsten Zwecke waren,
Die Schritte, die er öffentlich getan,
Verstatteten noch eine milde Deutung.
Nicht eher denk ich dieses Blatt zu brauchen,
Bis eine Tat getan ist, die unwidersprechlich
Der Hochverrat bezeugt und ihn verdammt.

Max.

Und wer soll Richter drüber sein?

Octavio.

Du selbst.

Max.
Oh! dann bedarf es dieses Blattes nie!
Ich hab dein Wort, du wirst nicht eher handeln,
Bevor du mich—mich selber überzeugt.

Octavio.
Ist's möglich? Noch—nach allem, was du weißt,
Kannst du an seine Unschuld glauben?

Max. (lebhaft)
Dein Urteil kann sich irren, nicht mein Herz.
(Gemäßigter fortfahrend.)
Der Geist ist nicht zu fassen wie ein andrer.
Wie er sein Schicksal an die Sterne knüpft,
So gleicht er ihnen auch in wunderbarer,
Geheimer, ewig unbegriffner Bahn.
Glaub mir, man tut ihm Unrecht. Alles wird
Sich lösen. Glänzend werden wir den Reinen
Aus diesem schwarzen Argwohn treten sehn.

Octavio.
Ich will's erwarten.

Zweiter Auftritt

Die Vorigen. Der Kammerdiener. Gleich darauf ein Kurier.

Octavio.
Was gibt's?

Kammerdiener.
Ein Eilbot' wartet vor der Tür.

Octavio.
So früh am Tag! Wer ist's? Wo kommt er her?

Kammerdiener.
Das wollt' er mir nicht sagen.

Octavio.
Führ ihn herein. Laß nichts davon verlauten.

(Kammerdiener ab. Kornet tritt ein.)

Seid Ihr's, Kornet? Ihr kommt vom Grafen Gallas?
Gebt her den Brief.

Kornet.
Bloß mündlich ist mein Auftrag.
Der Generalleutnant traute nicht.

Octavio.
  Was ist's?

Kornet.
  Er läßt Euch sagen—Darf ich frei hier sprechen?

Octavio.
  Mein Sohn weiß alles.

Kornet.
  Wir haben ihn.

Octavio.
  Wen meint Ihr?

Kornet.
  Den Unterhändler! Den Sesin!

Octavio. (schnell)
  Habt ihr?

Kornet.
  Im Böhmerwald erwischt' ihn Hauptmann Mohrbrand
  Vorgestern früh, als er nach Regenspurg
  Zum Schweden unterwegs war mit Depeschen.

Octavio.
  Und die Depeschen—

Kornet.
  Hat der Generalleutnant
  Sogleich nach Wien geschickt mit dem Gefangnen.

Octavio.
  Nun endlich! endlich! Das ist eine große Zeitung!
  Der Mann ist uns ein kostbares Gefäß,
  Das wicht'ge Dinge einschließt—Fand man viel?

Kornet.
  An sechs Pakete mit Graf Terzkys Wappen.

Octavio.
  Keins von des Fürsten Hand?

Kornet.
  Nicht, daß ich wüßte.

Octavio.
  Und der Sesina?

Kornet.
Der tat sehr erschrocken,
Als man ihm sagt', es ginge nacher Wien.
Graf Altring aber sprach ihm guten Mut ein,
Wenn er nur alles wollte frei bekennen.

Octavio.
Ist Altringer bei Eurem Herrn? Ich hörte,
Er läge krank zu Linz.

Kornet.
Schon seit drei Tagen
Ist er zu Frauenberg beim Generalleutnant.
Sie haben sechzig Fähnlein schon beisammen,
Erlesnes Volk, und lassen Euch entbieten,
Daß sie von Euch Befehle nur erwarten.

Octavio.
In wenig Tagen kann sich viel ereignen.
Wann müßt Ihr fort?

Kornet.
Ich wart' auf Eure Ordre.

Octavio.
Bleibt bis zum Abend.

Kornet.
Wohl.

(Will gehen.)

Octavio.
Sah Euch doch niemand?

Kornet.
Kein Mensch. Die Kapuziner ließen mich
Durchs Klosterpförtchen ein, so wie gewöhnlich.

Octavio.
Geht, ruht Euch aus und haltet Euch verborgen.
Ich denk Euch noch vor Abend abzufert'gen.
Die Sachen liegen der Entwicklung nah,
Und eh' der Tag, der eben jetzt am Himmel
Verhängnisvoll heranbricht, untergeht,
Muß ein entscheidend Los gefallen sein.

(Kornet geht ab.)

Dritter Auftritt

Beide Piccolomini.

Octavio.
Was nun, mein Sohn? Jetzt werden wir bald klar sein,
—Denn alles, weiß ich, ging durch den Sesina.

Max. (der während des ganzen vorigen Auftritts in einem
heftigen, innern Kampf gestanden, entschlossen)
Ich will auf kürzerm Weg mir Licht verschaffen.
Leb wohl!

Octavio.
Wohin? Bleib da!

Max.
Zum Fürsten.

Octavio. (erschrickt)
Was?

Max. (zurückkommend)
Wenn du geglaubt, ich werde eine Rolle
In deinem Spiele spielen, hast du dich
In mir verrechnet. Mein Weg muß gerad sein.
Ich kann nicht wahr sein mit der Zunge, mit
Dem Herzen falsch—nicht zusehn, daß mir einer
Als seinem Freunde traut, und mein Gewissen
Damit beschwichtigen, daß er's auf seine
Gefahr tut, daß mein Mund ihn nicht belogen.
Wofür mich einer kauft, das muß ich sein.
—Ich geh zum Herzog. Heut noch werd ich ihn
Auffordern, seinen Leumund vor der Welt
Zu retten, eure künstlichen Gewebe
Mit einem graden Schritte zu durchreißen.

Octavio.
Das wolltest du?

Max.
Das will ich. Zweifle nicht.

Octavio.
Ich habe mich in dir verrechnet, ja.
Ich rechnete auf einen weisen Sohn,
Der die wohltät'gen Hände würde segnen,
Die ihn zurück vom Abgrund ziehn—und einen

Verblendeten entdeck ich, den zwei Augen
Zum Toren machten, Leidenschaft umnebelt,
Den selbst des Tages volles Licht nicht heilt.
Befrag ihn! Geh! Sei unbesonnen gnug,
Ihm deines Vaters, deines Kaisers
Geheimnis preiszugeben. Nöt'ge mich
Zu einem lauten Bruche vor der Zeit!
Und jetzt, nachdem ein Wunderwerk des Himmels
Bis heute mein Geheimnis hat beschützt,
Des Argwohns helle Blicke eingeschläfert,
Laß mich's erleben, daß mein eigner Sohn
Mit unbedachtsam rasendem Beginnen
Der Staatskunst mühevolles Werk vernichtet.

Max.

    Oh! diese Staatskunst, wie verwünsch' ich sie !
Ihr werdet ihn durch eure Staatskunst noch
Zu einem Schritte treiben—Ja, ihr könntet ihn,
Weil ihr ihn schuldig wollt, noch schuldig machen.
Oh! das kann nicht gut endigen—und mag sich's
Entscheiden wie es will, ich sehe ahnend
Die unglückselige Entwicklung nahen.—
Denn dieser Königliche, wenn er fällt,
Wird eine Welt im Sturze mit sich reißen,
Und wie ein Schiff, das mitten auf dem Weltmeer
In Brand gerät mit einem Mal und berstend
Auffliegt und alle Mannschaft, die es trug,
Ausschüttet plötzlich zwischen Meer und Himmel,
Wird er uns alle, die wir an sein Glück
Befestigt sind, in seinen Fall hinabziehn.
Halte du es, wie du willst! Doch mir vergönne,
Daß ich auf meine Weise mich betrage.
Rein muß es bleiben zwischen mir und ihm,
Und eh' der Tag sich neigt, muß sich's erklären,
Ob ich den Freund, ob ich den Vater soll entbehren.

(Indem er abgeht, fällt der Vorhang.)

CPSIA information can be obtained
at www.ICGtesting.com
Printed in the USA
LVHW030140271222
735871LV00001B/255